Bernd Schmid

Die elektrische Eisenbahn

Bernd Schmid

Die elektrische Eisenbahn

Planen · Bauen · Spielen

Orientierungshilfe, Ratgeber und Bauanleitung

Bechtermünz Verlag

Genehmigte Lizenzausgabe für
Weltbild Verlag GmbH, Augsburg 1999

Idee, Konzeption: EuropMedia Verlag, 87660 Irsee
Modellfotografie: Bernd Schmid
Vorbildaufnahmen: MediaService Irsee/Klaus Eckert, Joachim Schmidt
Zeichnungen: Markus Nickl
Lektorat: Thomas Rietig, Ilona Eckert
Umschlaggestaltung: Georg Lehmacher, Friedberg (Bay.)
Umschlagmotive: M. Knaden/MIBA-Verlag, Nürnberg (vorne und großes Bild hinten)
Gesamtherstellung: Offizin Andersen Nexö – ein Betrieb der INTERDRUCK Graphischer Großbetrieb GmbH
Printed in Germany
ISBN 3-8289-5366-2

Inhaltsverzeichnis

Vorwort

Dieses Buch ist unter anderem die Baugeschichte einer MÄRKLIN-H0-Anlage. Zu Beginn standen der Autor und sein Team vor der Frage, in welcher Zeit denn das Ganze „spielen" sollte. Welche Fahrzeuge könnten eingesetzt werden, welches Zubehör würde passen? Kurz: Welche Epoche sollte dargestellt werden?

Über Epochedenken im Eisenbahnwesen wurde schon so manches geschrieben. Viel wichtiges wurde oftmals ignoriert. Was sollte es schon ausmachen, wenn Züge bunt gemischt ihre Runden drehten, wenn Häuser aus dem vorigen Jahrhundert neben modernen Bahnhofshallen standen. Und nach dem Motto „erlaubt ist, was gefällt" konnten auch auf den Straßen Automodelle aller erdenklicher Arten die Szene beherrschen. Dabei war es schon mal möglich, daß ein 52er Mercedes mit einem BMW Baujahr 1994 kollidierte. Wir sind jedoch der Meinung, daß es sehr wohl etwas ausmacht, ob eine Modellbahnanlage ohne Stil, ohne Gefühl und Kenntnis entsteht oder ein einheitliches Gestaltungsbild angestrebt wird. Epochegerechtes, konsequentes Vorgehen macht nicht nur dem Erbauer Spaß, es kündet auch von einem fundierten Wissen um zurückliegende historische Sachverhalte. Da kann es nicht schaden, eisenbahngeschichtliche Fakten inbezug auf Fahrzeuge und Gebäude durchzustudieren. Vier Zeitabschnitte, die „Epochen", wurden im Eisenbahnbereich geschaffen, um die einzelnen Entwicklungsabschnitte gegeneinander abzugrenzen und einheitlich von ihnen sprechen zu können. In diesem Buch haben wir das Epochedenken übernommen und zudem inhaltlich erläutert, damit sich jeder angehende Modellbahner unter diesem Begriff etwas vorstellen kann.

Was die Epoche auf unserer Demonstrationsanlage betrifft, haben wir uns auf die Erfahrung vieler Modellbahnfreunde, Club-Kollegen und auf Fachzeitschriften gestützt. Dabei kamen wir zu der Überzeugung, daß es nur innerhalb des Zeitraums von 1945 bis etwa 1968, also in Epoche III, möglich gewesen war, bei konsequenter Realisierung die ganze Vielzahl an Eisenbahnfahrzeugen einzusetzen. Wir bauten also in Epoche III, damit ein jeder die Gelegenheit haben konnte, seinen ganz persönlichen Lokfavoriten fahren zu lassen.

Am Anfang stand jedoch zuerst die Planung mittels MÄRKLIN-Gleisschablone. Es wurde ausgedacht, gezeichnet und viele Male wieder verworfen. Die verfügbare Baufläche betrug 2,80 m mal 1,30 m und war demnach nicht gerade üppig. (Manch anderer wäre aber vielleicht froh um diesen Platz). Daher wurde ein „Kreisverkehr" geplant, der jedoch unbedingt getarnt werden mußte. Denn in Wirklichkeit rotieren die Züge nie im Kreis, sie haben alle ein Ziel. Die Lösung des Dilemmas bestand darin, daß sich unsere Bahn für einige Zeit dem Blick des Zuschauers entzog und hinter einem Hügel oder einer Baumgruppe verschwand.

Wer sich unseren Gleisplan zu Beginn gleich genauer anschaut, dem fallen sicherlich die vielen Entkupplungsgleise auf. Sie ermöglichen die ferngesteuerte Trennung von Wagengarnituren. Was die Signale anbelangt, so haben wir mit dem Bastler gedacht und nur das absolut Notwendige eingebaut.

Bei den verschiedenen Anlagenmotiven, für die wir uns entschieden haben, sollten möglichst viele Rangiervorgänge zustandekommen. So erlauben z. B. die Gleise im 8 cm höher gelegenen oberen Bahnhof einige Rangierfahrten, ebenso ein zweigleisiger Holzlagerplatz. Im unteren Teil der Anlage gibt es u. a. ein kleines Tanklager, und ein kleines Schotterwerk mit ferngesteuerter Entlademöglichkeit lädt zum Spielen ein. Das MÄRKLIN-DELTA-System für den Mehrfachzugbetrieb ermöglicht die voneinander unabhängige Steuerung unserer Lokomotiven.

Die nachfolgenden Ausführungen zeigen, was betriebsmäßig und unter optischen Gesichtspunkten auf unserer Anlage verwirklicht werden konnte. Sie mögen den Leser dazu ermuntern, ähnliches zu versuchen. Auf was geachtet werden sollte und wie so manches Problem gelöst werden kann, wird ebenfalls besprochen. Unser Hauptziel war es, möglichst viele Spielmomente zu schaffen, und die Gelegenheit zu bieten, fahrende Züge zu beobachten und im Bahnhofsgelände viel rangieren zu können.

Autor und Verlag bedanken sich herzlich bei den Herren Koller, Krois und Saalmann für die tatkräftige Mitarbeit und insbesondere bei der geduldigen Frau des Verfassers.

Vor mehr als 200 Jahren stand ein kleiner Junge am Küchenherd und guckte seiner Mutter beim Kartoffelkochen zu. Wie von Geisterhand bewegt, hob und senkte sich der Topfdeckel. Wieso drängte der Wasserdampf den schweren Deckel nach oben? Welche Kraft steckte wohl dahinter, fragte er sich. Als das Herdfeuer erlosch, herrschte Stille. Kein Deckel klapperte, nur eine dünne Dampffahne entwich dem Spalt. Der Vorgang ließ den kleinen James nicht mehr los. Irgendwie mußte sich doch die offensichtlich vorhandene Kraft sinnvoll verwerten, die Bewegung in nützliche Bahnen lenken lassen. Die Idee der Dampfmaschine war geboren. James Watt gilt als ihr Erfinder. Sein Name bezeichnet heute zum Beispiel die Leistung von Glühbirnen oder Motoren.

Doch noch viele Erfindungen waren nötig, bis aus den ersten Versuchen eine funktionierende Maschine wurde. Probleme bereitete vor allem die Kraftübertragung mit Hilfe oft sehr komplizierter Gestänge. Und noch handelte es sich um einen stationären Apparat, der nur eingeschränkt zeigen konnte, was in ihm steckte, zum Beispiel an Schrägaufzügen im Kohlerevier.

Ein Mister Murdock, Engländer wie Watt, kam auf die Idee,

Der Märklin-Hauptkatalog war und ist ein Wegweiser durch die Vielfalt des Sortiments. Die Abbildung zeigt einige längst vergriffene Ausgaben, die zum Teil heute hohe Sammlerpreise erzielen können.

Oft waren die Titelseiten mit den dynamischen Bildern von Josef Danilowatz künstlerisch sehr ansprechend gestaltet.

einen „Dampfwagen" zu bauen. Mit einer Pleuelstange wurde eine drehende Bewegung erzeugt, und das Unikum lief tatsächlich. Auf der Straße noch und als Modell, verkleinert, etwa auf den Maßstab heutiger Spur-II-Bahnen. Der bayerische Ritter von Baader baute später auf Schienen eine Eisenbahnanlage, um im

Nymphenburger Schloßpark in München den König für seine Pläne zu gewinnen. Vergeblich allerdings, denn Seine Majestät wollte erst mal den Main-Donau-Kanal. Und das war vor 180 Jahren!

Es war noch ein weiter und oft von Vorurteilen behinderter Weg bis zur Eröffnung der ersten deutschen Eisenbahn, die am 7. Dezember 1835 von Nürnberg nach Fürth fuhr. Immer jedoch lief die Entwicklung von Modellen der neuesten Erfindungen parallel. Kaum war eine neue Konstruktion bekannt geworden, bemächtigten sich ihrer auch schon die Modellbauer und brachten ähnliche Fahrzeuge zum Verkauf.

In diese Zeit fiel auch die Gründung der Firma MÄRKLIN, die sich bald einen guten Namen unter vielen Mitbewerbern schuf. Und nicht nur Lokomotiven wurden relativ maß-

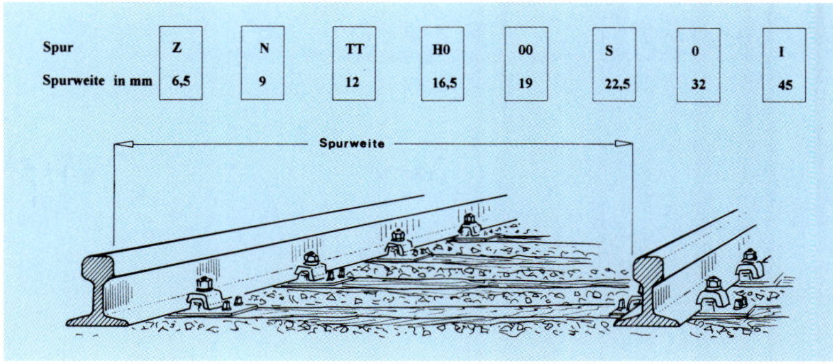

Mitte links: Die ersten Zugpackungen der „neuen" Spurweite 00, später H0 genannt.
Mitte rechts: Der „Bodenläuferzug", der noch aus dem letzten Jahrhundert stammt.
Ganz oben: Die verschiedenen Spurweiten
Oben: Bemerkenswert ist die Fülle an Zubehörteilen aus der Blechära Märklins.
Links: Selbstausweichende Karrenzüge, die selbst von Kindern ohne große Mühe elegant durch das Spielzimmer gezogen werden konnten.

Die ersten Transformatoren erlaubten ein ungefährlicheres Spielen, als die noch recht abenteuerlichen Methoden zur Verminderung der Lichtspannung mittels Starkstromglühbirne (Mitte links). So stellte man sich im Hause Märklin den Betrieb mit der „Elektrischen Eisenbahn“ vor (Mitte rechts).

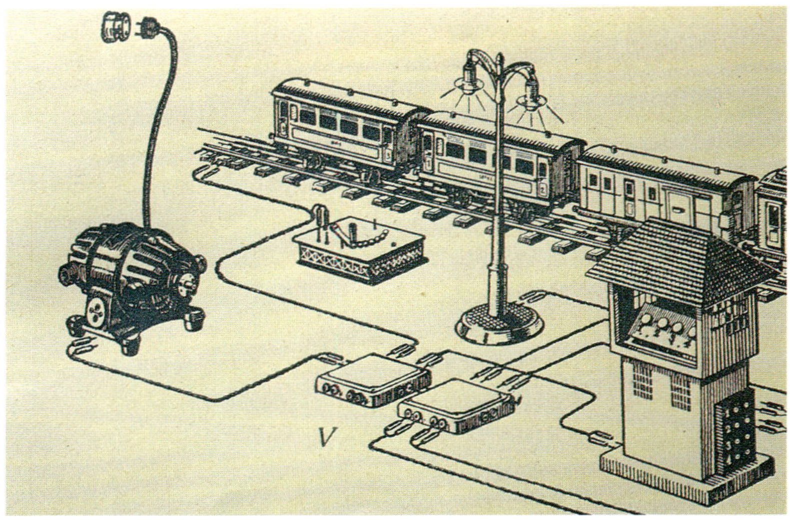

stabgetreu produziert, auch reichhaltiges Zubehör wurde angeboten. Und alles war aus Blech! Die Lithographietechnik, die Kunst, Blech farbig zu bedrucken, hatte einen hohen Stand erreicht, und die Hersteller strebten immer größere Modelltreue an. Bis in die 30er Jahre dominierten die ganz großen Nenngrößen – maßstabsgerecht war das rollende Material nur selten – Spur 0, Spur I, auch Spur II, ja sogar bis Spur III. Dann wurden Häuser und Wohnungen kleiner, das Geld wurde knapp. Am Spielzeug sparten die Leute zuerst, und die Ausstattung von Spielzeugbahnen, wenn überhaupt vorhanden, wurde immer spartanischer.

Die Zeit war reif für eine kleinere Bahn. Mitte der 30er Jahre kam die Sensation: Das Haus Märklin präsentierte die 00-„Tischbahn“. Mit blechgeprägten Schotterbettungen und einer durchgehenden Mittelschiene. Die Bezeichnung 00, die keine reale Beziehung zum Maßstab hatte, wurde in „H0“ umbenannt. Das verleitet viele Leute bis auf den heutigen Tag, „Haoh“ anstatt – wie es richtig ist – „Hanull“ zu sagen. Die Bezeichnung H0 ist legitim, denn es ist die halbe Spurweite der 0-Bahn mit 16,5 mm Spurweite, wenn auch nur annähernd.

Aus dieser Zeit des Umbruchs bei den Maßstäben haben wir einige Kataloge durchgesehen. Damals gab es kaum spezielle Modellbahnfachgeschäfte. Märklinbahnen waren beim Uhrmacher, beim Optiker, im Haushaltwarenladen, ja sogar beim Friseur zu finden. Und alte Münchner erinnern sich bestimmt noch an Hermann Tietz am Bahnhof. Heute heißt die Firma Hertie. Die Katalogtitelbilder aus dieser Zeit stammen von dem seinerzeit weltberühmten Künstler Josef Danilowatz. Er gestaltete ungemein dynamische Szenen aus dem Eisenbahnbetrieb, aus denen natürlich immer die neuerschienenen Modelle vorteilhaft hervorstachen. So zeigte bald eine Katalogseite die „Erstausgaben“ der neuen „00“-Bahn.

Aus der Zeit vor der Jahrhundertwende stammt der „Bodenläufer“-Zug. Heute ist er eine fast unerschwingliche Rarität aus frühester „Modell“-Bahnzeit. Das Kind zog diese Züge hinter sich her – ohne Schienen, versteht sich. Die Kupplungen waren so raffiniert konstruiert, daß die Wagen immer in der Spur folgten.

Der Clou einer anderen Konstruktion waren „selbstausweichende“ Karrenzüge, ohne Schienen. Im Werbetext heißt es im Stil der Gründerzeit: „Erstklassige Neuheit, mit der durch einfaches geometrisches Gesetz Wagenzüge von beliebiger Länge, lediglich durch die Direktion von vorne genau in gewünschter Richtung gehalten werden. Selbst vordere, konträre Fahrt wird von den hinteren getreulich eingehalten. Auch das Kind vermag die Züge zwischen Hindernissen jeglicher Art durchzulavieren.“ Andere Züge fielen bei geringster Berührung auseinander.

Je pompöser die Bahnempfangsgebäude in den aufstrebenden Wirtschaftszentren, um so williger folgten die Modellhersteller ihren Vorbildern. Vor den Leistungen, die die damaligen Handwerker mit den Mitteln des beginnenden 20. Jahrhunderts in der Blechprägung und beim Vielfarbendruck erzielten, ziehen auch heutige Techniker respektvoll den Hut. Bemerkenswert war auch die realistische Ausgestaltung der Bahnhofsszene. Hier findet man all die Sachen schon, die – heute im Kunststoffverfahren gefertigt – unsere Anlagen beleben.

Auch beim Antrieb folgte die Spielwarenindustrie oft dem Vorbild. Trieben zunächst kräftige Uhrwerke die Lokomotiven an, so wurde bald mit echten Dampfmaschinen experimentiert. Und da die Elektrifizierung vielerorts rasant voranging, wollte man auch beim mechanischen Spielzeug mithalten. Mangels geeigneter Stromreduzierungsmöglichkeiten wurde die Lichtspannung mit gefährlichen 110 oder 220 Volt erst einmal mit

Eine stilreine Märklin-Anlage eines Sammlers aus den 30er Jahren. Auf die Darstellung der Landschaft wurde bewußt verzichtet.

Hilfe von Starkstromglühbirnen verringert. Das funktionierte auch, doch niemand kümmerte sich um die unter gewissen Umständen an den Gleisen liegende Netzspannung. Glücklicherweise folgten bald bessere und vor allem sicherere Methoden.

Gleichstrom kann man nicht transformieren, höchstens mit einem aufwendigen Einankerumformer. Mit Wechselstrom ist dies möglich. Hier gibt ein entsprechender Transformator jede beliebige Spannung her. Allerdings hatten sehr viele Städte Gleichstromnetze, oft bis in die Nachkriegszeit hinein. So sahen die ersten Fahrtrafos mit integriertem Regler schon recht gefällig aus. Sie konnten an Wechselstrom von 110, 125, 150 oder 220 Volt angeschlossen werden. Die sekundäre Bahnbetriebsspannung betrug anfangs 20 Volt, wurde aber später auf 16 Volt zurückgenommen. Das gilt noch heute als Modellbahnnorm.

Als letzten Rückblick in die Entwicklungsgeschichte des Hauses MÄRKLIN haben wir uns ein Katalogbild aus den 30er Jahren näher angeschaut. Solche Darstellungen sollten Appetit auf das Spiel mit der elektrischen Eisenbahn machen. Die psychologisch wohldurchdachte Werbung zeigte häufig das spielende Kind stark vergrößert im Eisenbahnumfeld. Mit einem Bild von Gulliver im Land der Riesen suggeriert sie Größe und Masse. Das Kind wird gewissermaßen zum Herrscher über die Technik. Und so wird es sich wohl auch gefühlt haben. Hier wird zwar auch mit 20 Volt Wechselstrom gefahren, die Spannung kommt jedoch aus dem bereits erwähnten Umformer und wird mit einem Regelwiderstand verändert. Von einem Verteilerwürfel aus gehen exakt im Winkel verlegte Stromleitungen zu Lampe und Stellwerk.

Interessant und aufschlußreich ist ein Blick auf die Großanlagen aus der Zeit Ende der 30er Jahre, der 00-Ära also. Ermöglicht hat sie ein Sammler, der sich darauf spezialisierte, im Lauf der Zeit ausschließlich 00-Teile zu erwerben und mit stilreinen Artikeln eine riesige Anlage aufzubauen. Hier wurde oft bewußt auf die Ausgestaltung von Landschaft verzichtet, und auch sonst gibt es keinerlei Zubehör. Das konsequente Vorge-

hen dieses Sammlers macht die auf einer reinweißen Platte aufgebaute Gleisanlage zum optischen Genuß.

Unzählige Menschen haben die Liebe zur Eisenbahn auf dieselbe Art und Weise entdeckt wie auch ein Enkel des Verfassers: Bäuchlings auf dem Fußboden liegend. Mit ein paar Gleisen und wenigen Wagen konnte man ihn stundenlang beschäftigen. Vielleicht wird schon hier und jetzt der Keim für eine spätere MÄRKLIN-Anlage gelegt. Doch auch die kindlichen Ansprüche steigen schnell. Bald ist es ein attraktiver ICE-Zug aus einer Startpackung, der seine Faszination auf den Nachwuchs ausübt. Mit Hilfe der Mama gelingt es schließlich, die Gleise ordnungsgemäß zusammenzustecken und den Zug in Bewegung zu setzen. Das richtige Fahrgefühl stellt sich bald ein, wenn auch Entgleisungen noch an der Tagesordnung sind.

MÄRKLIN-Startpackungen erleichtern den Einstieg. Alles, was man zum ersten Betrieb benötigt, ist in jedem Karton. Dazu ausführliche Anweisungen

Ein paar Gleisstücke, eine Lok und ein Wagen: Der erste Kontakt mit der Eisenbahn ist hergestellt. Später (unten) kommt die Startpackung mit dem ICE ins Spiel.

für den Aufbau. Es genügt schon, eine Holzplatte in passender Größe bereitzustellen, und der Spaß kann beginnen. Mit diversen dazugekauften Gleisen, Weichen und Entkupplungsgleisen wird schnell eine richtige Anlage daraus.

Viele Kinder haben häufig eher als Erwachsene den „Durchblick". So bemerkt unser künftiger Modellbahner, daß es ungünstig ist, lange Züge – beispielsweise den ICE – durch einen Zick-Zack-Kurs zu schicken. Doch dem kann abgeholfen werden. Unser Buch soll dazu beitragen, die Grundbegriffe des Modellbahnwesens kennenzulernen, Hilfe anzubieten, wo dies möglich ist. Das Buch soll aber vor allem die Vielseitigkeit des Hobbys vermitteln. Gerade darin liegt der Reiz, daß wir die ver-

„Der richtige Start in die Zukunft" ist mit der ICE-Packung erfolgt. Eine grüne Grasmatte, ein Baum und die ersten selbstgebastelten Häuser bilden das Umfeld für die erste Anlage. Später werden dann vielleicht einmal kleine Meisterwerke entstehen, wie die traumhafte Winterlandschaft. Wunschtraum ist aber irgendwann einmal eine große H0-Anlage, wie sie unten zu sehen ist.

schiedensten Talente und Geschicklichkeiten anwenden können. Da ist das Nachvollziehen des großen Eisenbahnbetriebs, da ist das handwerkliche Schreinern eines Grundgestells, die manchmal schon künstlerische Landschaftsgestaltung und schließlich auch die unbegrenzten Möglichkeiten der Elektronik. Von der konventionellen über die DELTA-Mehrzugsteuerung bis zur computergesteuerten Automatik. Die zahlreichen Bilder von verschiedenen Anlagen und Dioramen werden die gestalterische Phantasie anregen.

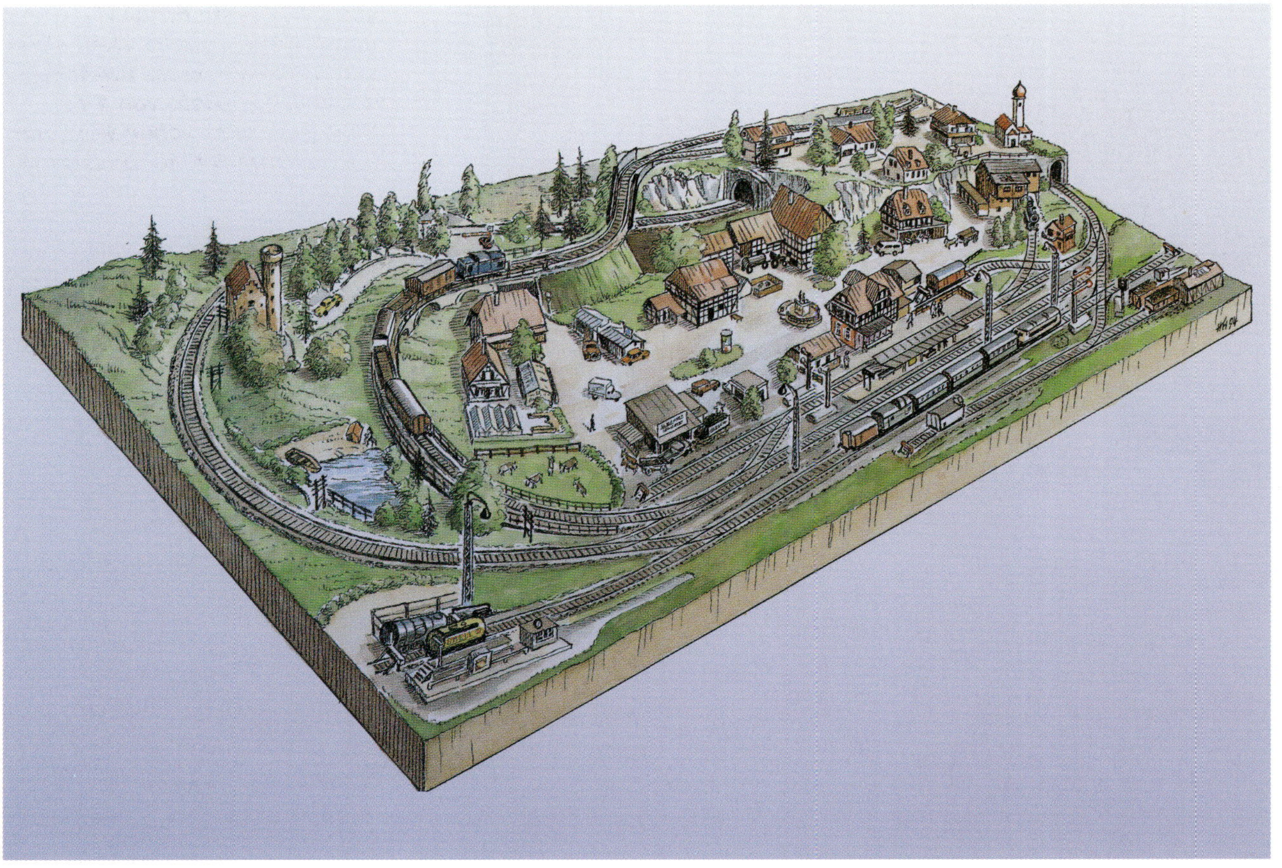

Da liegt ein leeres Blatt Papier. Ein Bleistift dazu und der Radiergummi. Wir haben uns entschlossen, eine Modellbahnanlage aufzubauen. Wir haben vage Vorstellungen von ihrer Größe und Form, und in unserer Phantasie entstehen die tollsten Gleispläne und Landschaften. Doch nicht jeder hat die Gabe, in Gedanken brauchbare Konzepte zu entwickeln. Was dem einen richtig Spaß macht, bereitet dem anderen schwere Kopfzerbrechen. Wer in dieser Anfangsphase in eine Sackgasse gerät, tut gut daran, sich von einem einschlägig begabten Freund beraten zu lassen oder, ganz professionell, ein Planungsbüro mit einem Computerentwurf zu beauftragen. Hier erhalten wir nicht nur eine maßstäblich exakte Computerzeichnung mit Gleisbestellnummern, sondern auch gleich eine Gleisbedarfsliste.

Gehen wir also davon aus, daß wir es uns und unserer Phantasie zutrauen, einen praktikablen Gleisplan anzufertigen. So bringen wir die Ideen erst mal zu Papier. Ohne Zeichenhilfen und lediglich mit dem Radiergummi bewaffnet, denn den

Oben: So ähnlich, wie auf dieser perspektivischen Zeichnung dargestellt, wird unsere Anlage später einmal ausschauen.

Links: Die ersten Skizzen entstehen auf einem Stück Papier. Als Hilfsmittel brauchen wir lediglich einen Bleistift, ein Geodreieck und, besonders wichtig, einen guten Radiergummi.

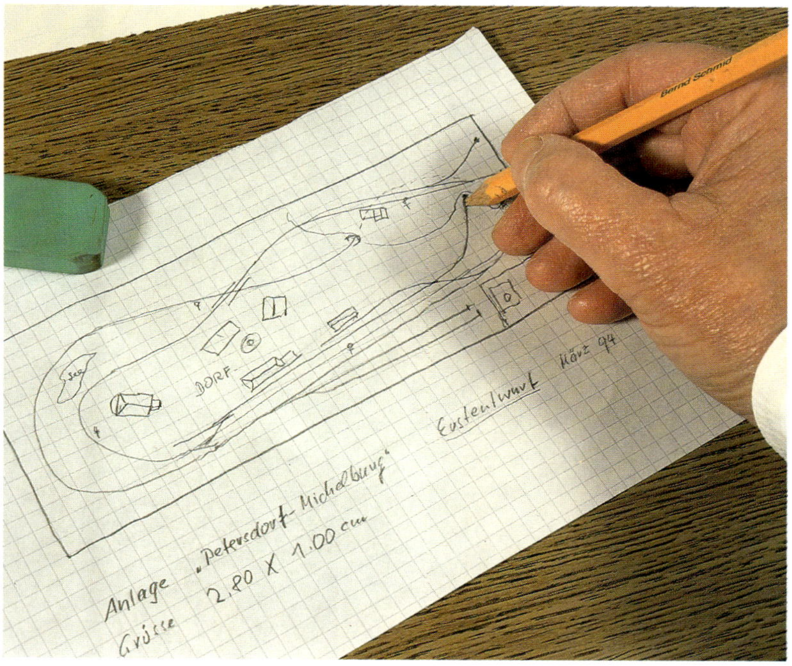

Links: Der erste Entwurf nimmt Kontur an. Es stellt sich bald heraus, daß die zunächst vorgesehene Tiefe von 1 m nicht ganz ausreichen wird, um unsere Wünsche zu realisieren.

Mitte: Der 2. Entwurf ist fertig. Nun haben wir eine Tiefe von 1,5 m gewählt und sind mit dem Ergebnis zufrieden. Leider lassen aber die Räumlichkeiten dies nicht zu.

Unten: Folglich versuchen wir nun, mit Hilfe der Märklin-Gleisschablone, einen Plan im Maßstab 1:10 zu zeichnen.

brauchen wir jetzt ziemlich oft. Einfaches kariertes Papier genügt für den Erstentwurf, und um die Maßstäblichkeit brauchen wir uns noch keine großen Gedanken zu machen. Einige Fixpunkte halten wir jetzt erst einmal fest, wir vermerken unsere speziellen Wünsche und skizzieren spätere „Lieblingsecken“. In unserem besonderen Fall stand der Wunsch Pate, eine lange Ringstrecke zu schaffen, die teilweise getarnt durch fast ebenes Gelände führt und sich in einem kleinen Dorfbahnhof mit der nebenbahnähnlichen Bergstrecke trifft, die zu einem höhergelegenen kleinen Endbahnhof führt. Schon jetzt zeigt sich, daß die vorgesehene Grundplatte mit einer Breite von 1 m zu schmal sein würde.

Weitere Entwürfe folgen. Noch immer wird mit Bleistift gezeichnet, noch immer ist der Radierer wichtigstes Requisit. Aber schon erkennen wir die endgültige Form und die Gleisanordnung. Und wir stellen fest, daß wir hier bereits die theoretische Grundlage für die später zu bauende Anlage gelegt haben. Inzwischen haben wir den end-

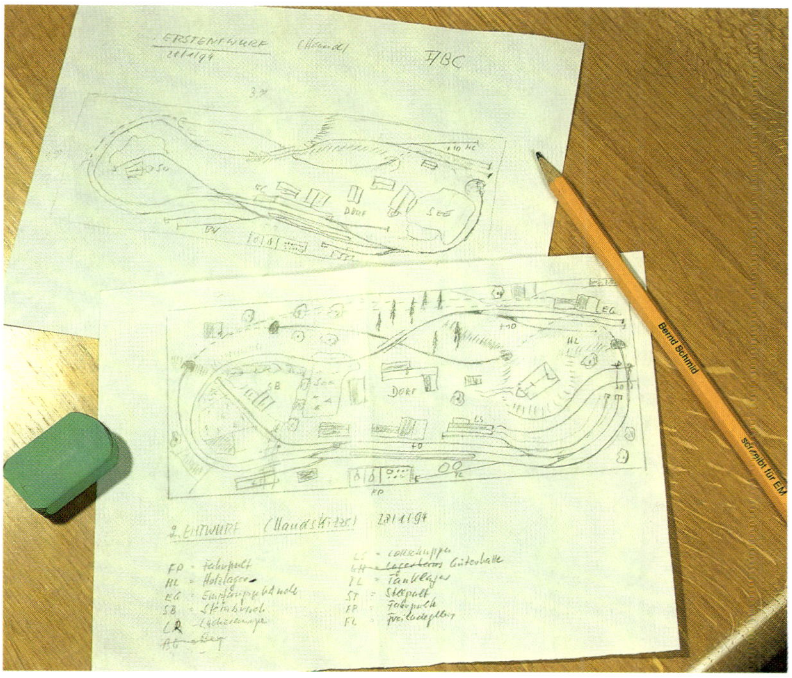

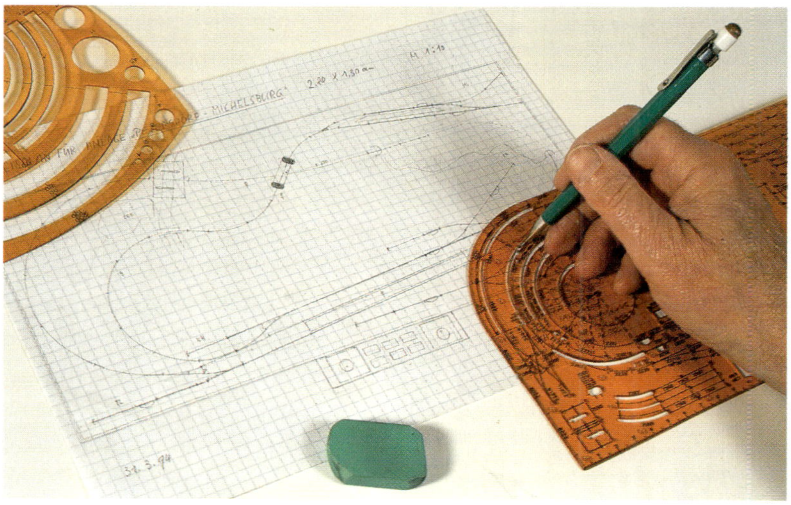

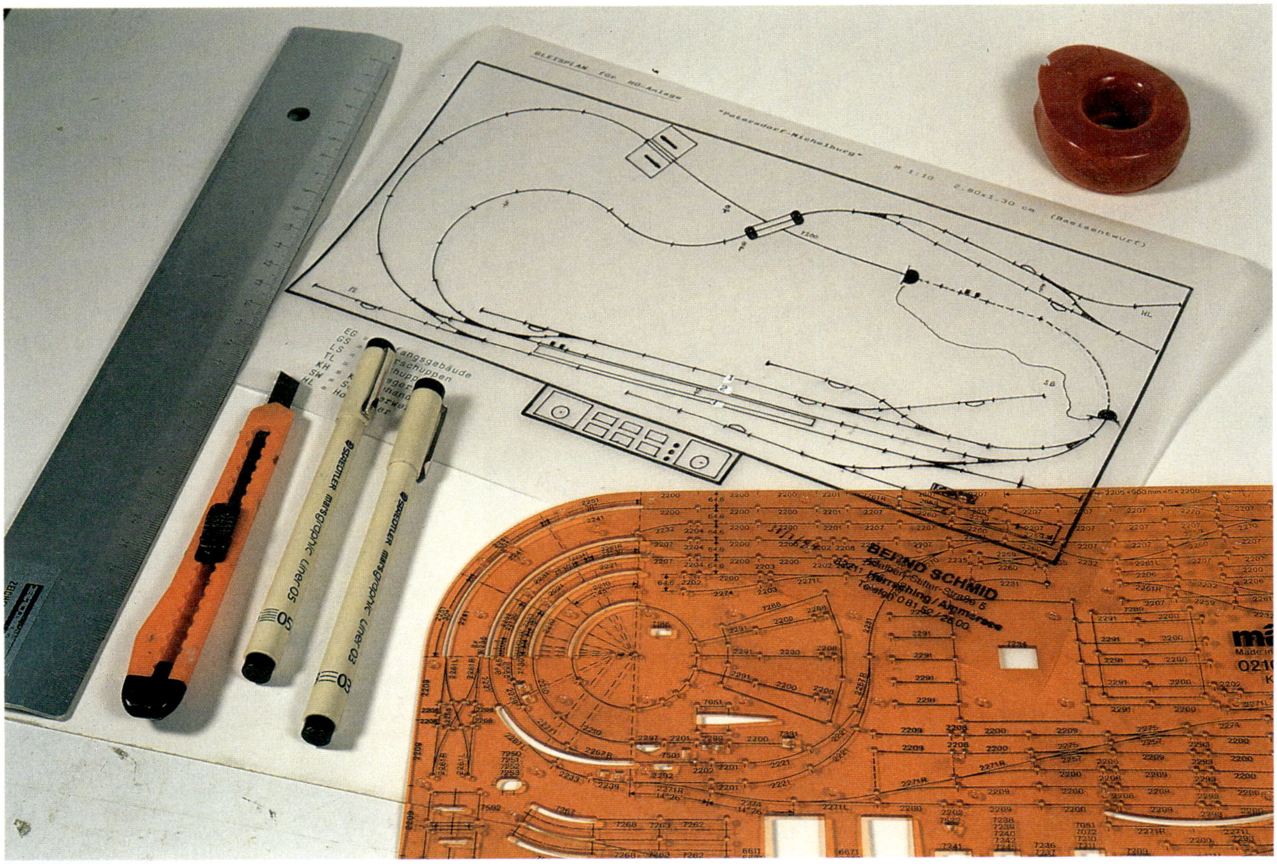

gültigen Aufstellungsort der Anlage festgelegt und damit die möglichen Grundmaße. Leider ist der verfügbare Raum zu klein. Das ist jetzt schon erkennbar, wenn auch die unmaßstäbliche Skizze nur sehr vage die Bogenradien, Bahnsteiglängen und Weichenabzweigwinkel erkennen läßt.

Eine genau maßstäbliche Skizze ist jetzt unerläßlich. Dazu greifen wir zu einem Drehbleistift mit dünner Mine, zu einem Kurvenlineal sowie – das ist das Wichtigste – zur Märklin-Gleisplan-Zeichenschablone Nr. 0210 für K-Gleise oder 0209 für M-Gleise. Diese zur Darstellung exakter Verkleinerungen und sauber gezeichneter Radien unentbehrlichen Hilfsmittel ersparen, richtig angewandt, später beim Gleisverlegen manchen Ärger.

Nun besorgen wir uns einen Bogen Transparentpapier und legen diesen, fixiert mit Klebeband, auf die Bleistiftskizze. Auf diese Weise können wir den Plan auf das Transparentpapier übertragen. Der Bleistift hat nun ausgedient. Einfache wasserfeste Filzschreiber oder teurere Tuschestifte verschiedener Stärken (zum Beispiel mars-graphic Liner 05) dienen nun dem Nachzeichnen des unterlegten Entwurfs.

Auf der endgültigen Zeichnung müssen wir jetzt noch technische Vermerke anbringen und sie ordentlich beschriften. Das geht einfach und sauber mit Aufreibebuchstaben (Letraset). Natürlich geht es auch in sauberer Schrift von Hand. Nun lassen wir unser Werk dreimal fotokopieren und haben mehrere Exemplare zur Verfügung, die auch mit bunten Stiften bestimmte Kennfarben erhalten können. So haben wir in einer Kopie die Konstruktion des Unterbaus in blau vermerkt, elektrische Artikel wurden rot gezeichnet, um die Übersicht zu erleichtern. In die dritte Kopie können wir die Gleisnummern eintragen. Macht eine bestimmte Gleis- oder Weichenanordnung Schwierigkeiten, so können wir viele wertvolle Tips und Darstellungen dem Katalog entnehmen.

Viel überzeugender wirkt natürlich eine kolorierte Skizze. Mit guten Buntstiften gelingt es auch dem völlig ungeübten Zeichner, brauchbare Darstellungen zu schaffen, die dem Betrachter eine gute Vorstellung des Geplanten vermitteln. Wenn wir keine allzu grellen Farben verwenden, kann unsere Zeichnung geradezu malerisch wirken. Ein vorherrschend mildes Grün, hellblaue Wasserflächen und hellgraue Straßen und Plätze mit kräftig grünen Büschen und Bäumen erhöhen die plastische Wirkung. Als Kontrapunkte schaffen zuletzt kräftig rote Hausdächer die nötige Abwechslung.

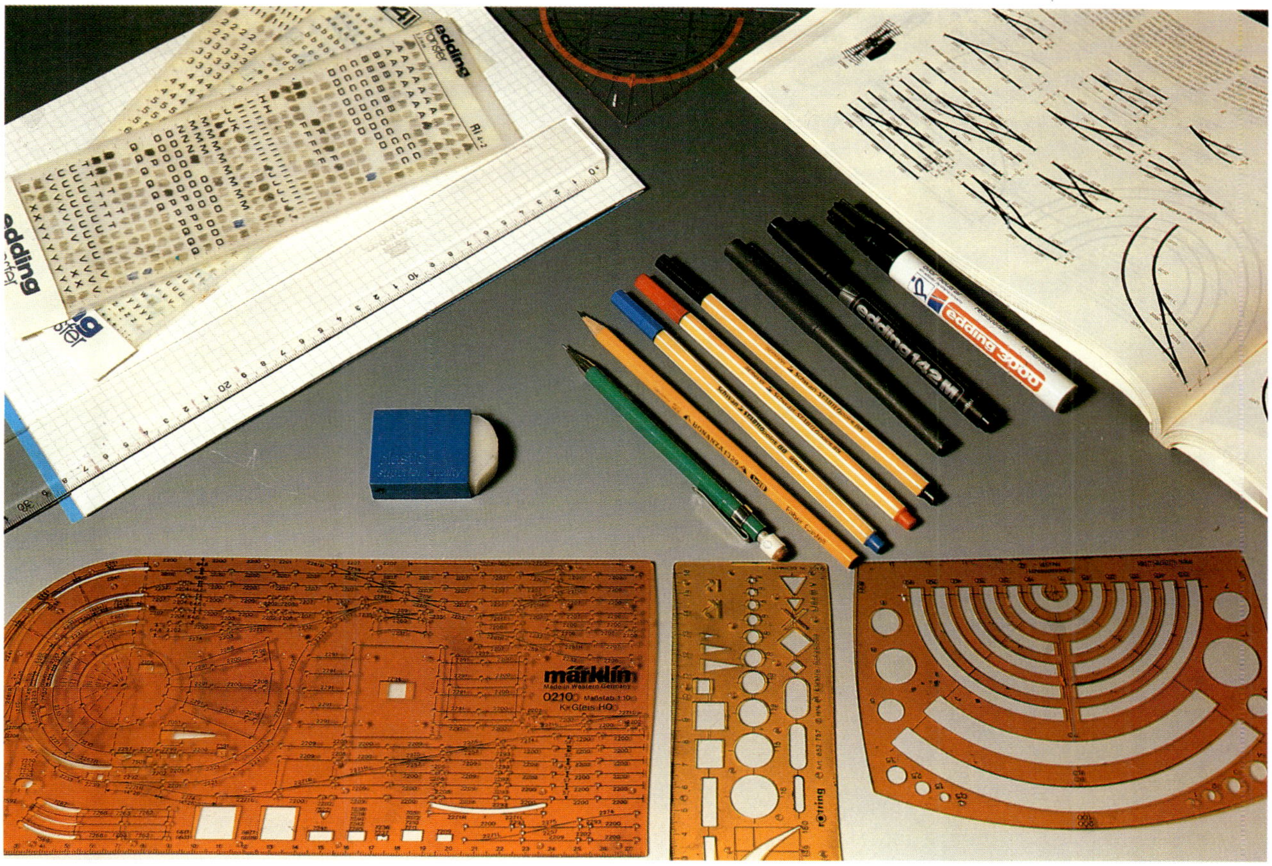

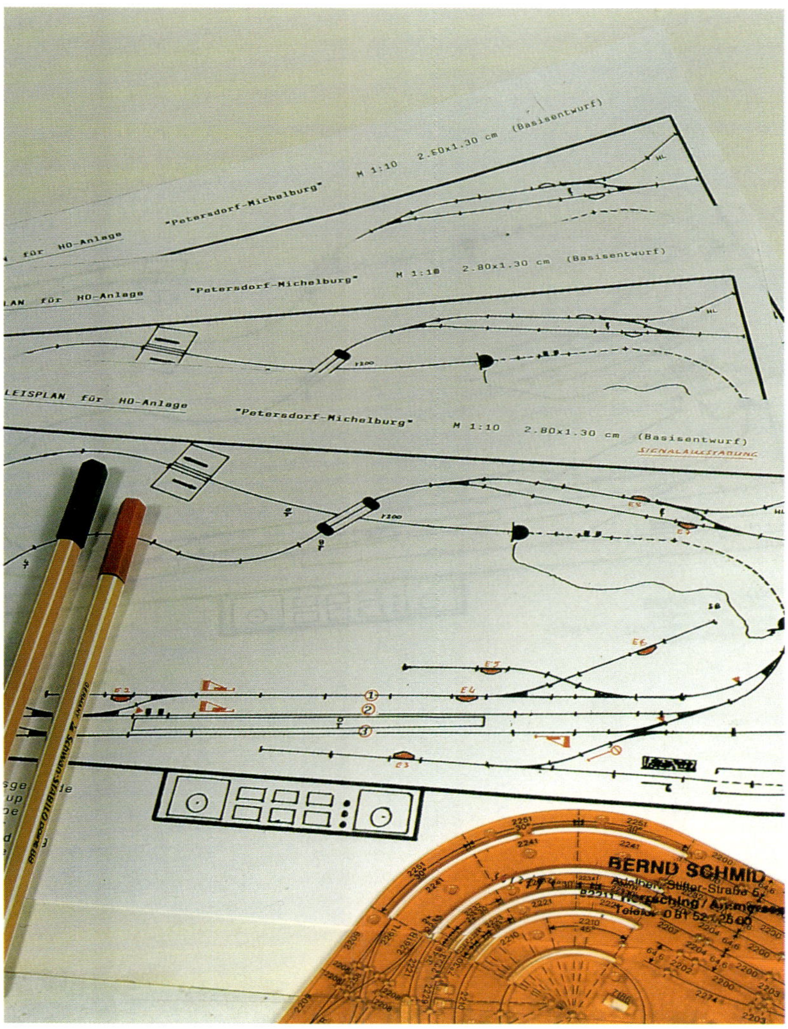

Oben: Jetzt erfolgen weitere Angaben auf dem Plan, wie Nummern der zuvor mittels Schablone ausgewählten Gleisstücke. Ein gutes Hilfsmittel stellt dabei der Märklin-Hauptkatalog dar.

Linke Seite: Nun wird der Gleisplan mittels eines Bogens Transparentpapiers zur weiteren Bearbeitung übertragen.

Links: Wir haben uns drei Fotokopien erstellen lassen. Nun tragen wir mit verschiedenen Farben die elektrischen Artikel und die Gleisnummern ein.

Oben: Eine für den späteren Bau der Anlage wertvolle Hilfe ist die farbige Auslegung der Anlage. Das Ausmalen der Flächen, Häuser und der Landschaft ist sehr einfach, und bereitet viel Spaß.
Unten: In einer weiteren Zeichnung haben wir die Magnetartikel, also alle Weichen, Signale und Entkupplungsgleise, eingetragen.

Regeln und schalten können wir mit einem Gleisbildstellpult oder den kleinen blauen Magnetartikel-Stellpulten. Letztere haben aber den Nachteil, daß wir die eigentliche Position der Signale, Weichen und Entkupplungsgleise an ihnen nicht sicher erkennen können. Unsere modellbahnerischen Vorfahren stellten auf der Anlage direkt an den Magnetartikeln große Nummerntafeln auf, deren Ziffern weithin lesbar waren und mit den Nummern auf den Stellpulten übereinstimmten. Ein gut gezeichneter Plan erleichtert uns aber in jedem Fall später das Bedienen der Magnetartikel.

Ganz schön knobeln können wir mit dem Märklin-Gleisplanspiel. In ausreichender Menge sind im Maßstab 1:5 verkleinerte Plastikgleisstücke vorhanden, die bis ins Detail echten Schienen entsprechen. Man kann sie auf einer ebenen Unterlage zusammenklipsen und so alle ge-

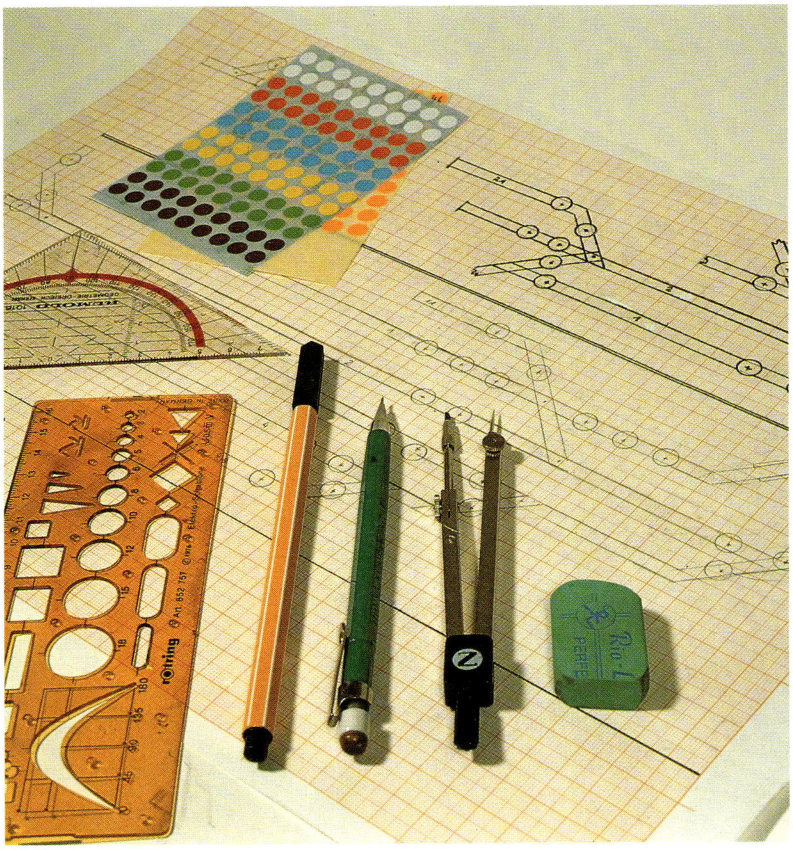

Mit dem Märklin-Planungsspiel können wir auch sehr schön den Bedarf an Gleismaterial ermitteln. Zudem macht das Spielen mit den bunten Kunststoffteilen richtig Spaß.
Rechts: Auf einer Tafel haben wir die Grundzüge unserer Anlage mit Klebestreifen fixiert.

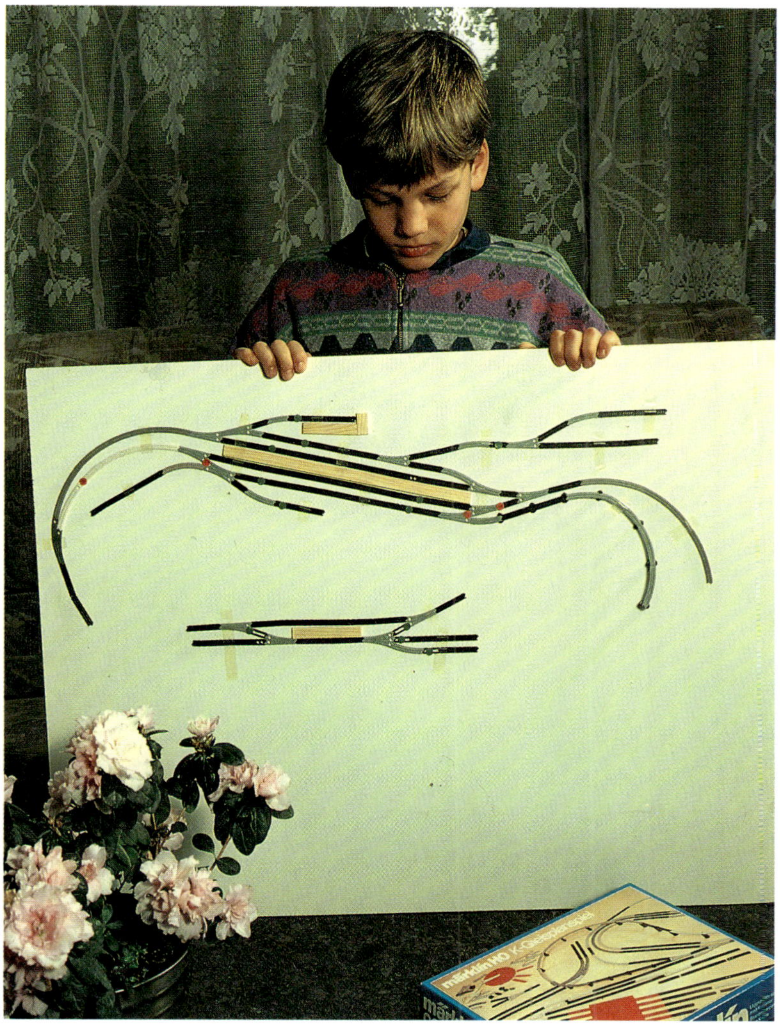

wünschten Gleisbilder darstellen. Und so ein Gebilde ist auch schnell wieder auseinandergenommen und neu zusammengestellt. Unschwer erkennen wir die Grundzüge unserer Anlage im Plan. Noch ist alles leicht zu ändern, zu ergänzen oder zu verbessern. Wenn wir alle Teile wunschgemäß ausgelegt haben, wenn in den Bogen und an den Weichen keine Knicke mehr stören, helfen kurze Klebestreifen, das Ganze zu fixieren und auch mal senkrecht zu betrachten. Aber auch ohne das Projekt einer Modellbahnanlage im Hinterkopf bietet das Gleisplanspiel viele Beschäftigungsmöglichkeiten selbst für Kinder.

„Wozu brauchen wir Kraftwerke? Bei uns kommt der Strom aus der Steckdose." Dieser Slogan hilft uns zwar beim Energiesparen ebenso wenig weiter wie beim Nachdenken über künftige Energiequellen, aber er zeigt, daß wir uns häufig genug nicht um das kümmern, was hinter den Kulissen – in diesem Fall jenseits der Steckdose – geschieht.

Gerade wir Modellbahner sind jedoch gut beraten, uns mit den Gesetzmäßigkeiten und Wirkungsweisen elektrischen Stroms vertraut zu machen. Was die Wirkung angeht, so weiß jeder Bescheid, der schon mal einen mehr oder minder starken Schlag erhalten hat.

Unsere Skizze verdeutlicht stark vereinfacht den Weg des Stroms vom Erzeuger zum Ver-

Oben: Unsere Grundausrüstung für die elektrischen Arbeiten an der Anlage.

Links: Einfache Lötarbeiten können wir mit ein bißchen Geschick sehr schnell erlernen.

Rechte Seite oben: Von der Stromerzeugung zum Verbraucher.

Unten rechts: Funktionsweise einer elektrischen Lokomotive beim Großbetrieb.

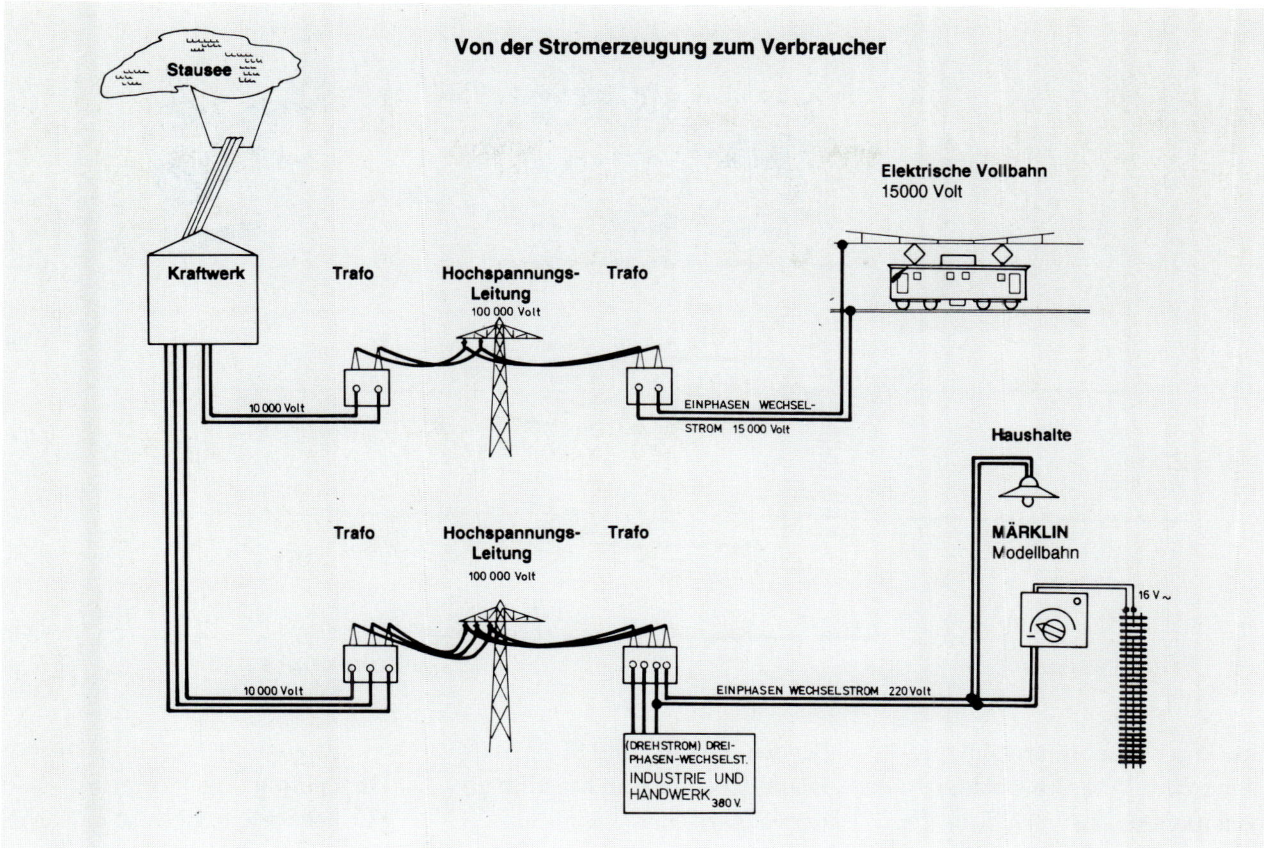

braucher. Schon der griechische Philosoph Heraklit (ca. 500 v. Chr.) kam zu der Erkenntnis: „Alles fließt." Das gilt auch für den elektrischen Strom. Erzeugt wird er in Kraftwerken, die mit Wasserkraft, mit Öl oder Erdgas, mit Kohle oder Atomkraft betrieben werden.

Gehen wir davon aus, daß der Strom für unsere kleine Bahn mit Wasserkraft erzeugt wird. Der schwerkraftbedingte Fall der Wassermassen in dicken Rohren aus einem Gebirgsstausee treibt Turbinen an. Verbunden mit Dynamomaschinen, erzeugen sie den Strom. Transformatoren bringen die Elektrizität auf die erforderliche Spannung, in den Überlandleitungen mit den charakteristischen hohen Masten gelangt der Strom, wiederum über Transformatoren, zum Endverbraucher, unter anderem in die Haushalte, wo die Modellbahn einen geringen Teil davon für sich beansprucht. Entweder beziehen die Lokomotiven ihren Fahrstrom aus dem Oberleitungsdraht oder von den Punktkontakten. Im Großbetrieb sorgt ein kräftiger Trafo für die notwendige Spannung. Der Motor überträgt seine Kraft dann auf die Antriebsräder. Geregelt wird das Ganze vom Lokführer. Der Fahrtrafo beim Modell macht es möglich, die Geschwindigkeit mehrerer Züge zu regeln, und zwar von jeder beliebigen Stelle.

Der Transformator ist eines der wichtigsten Geräte zur Umwandlung einer Wechselspannung in eine andere. Auf einem Eisenkern sind zwei oder mehr voneinander isolierte Wicklungen aus isoliertem Kupferdraht aufgebracht. Wird an eine Primärwicklung eine Wechselspannung angelegt, so erhält man durch Induktion in den Drähten der anderen Wicklung (Sekundärwicklung) wiederum

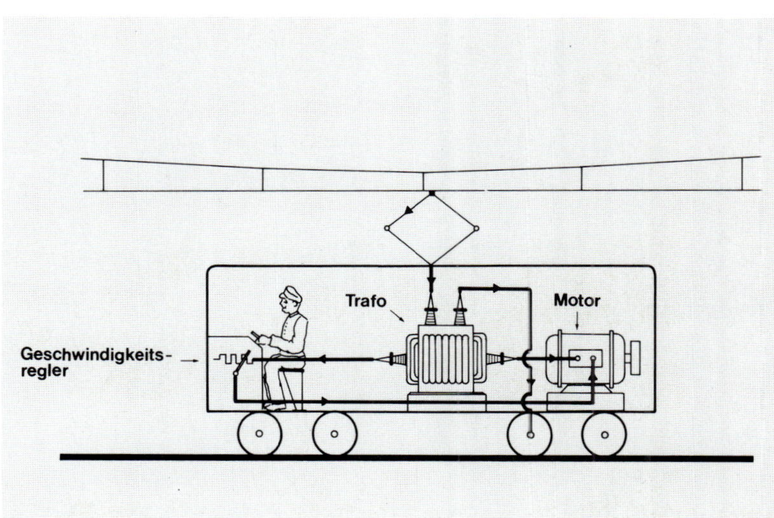

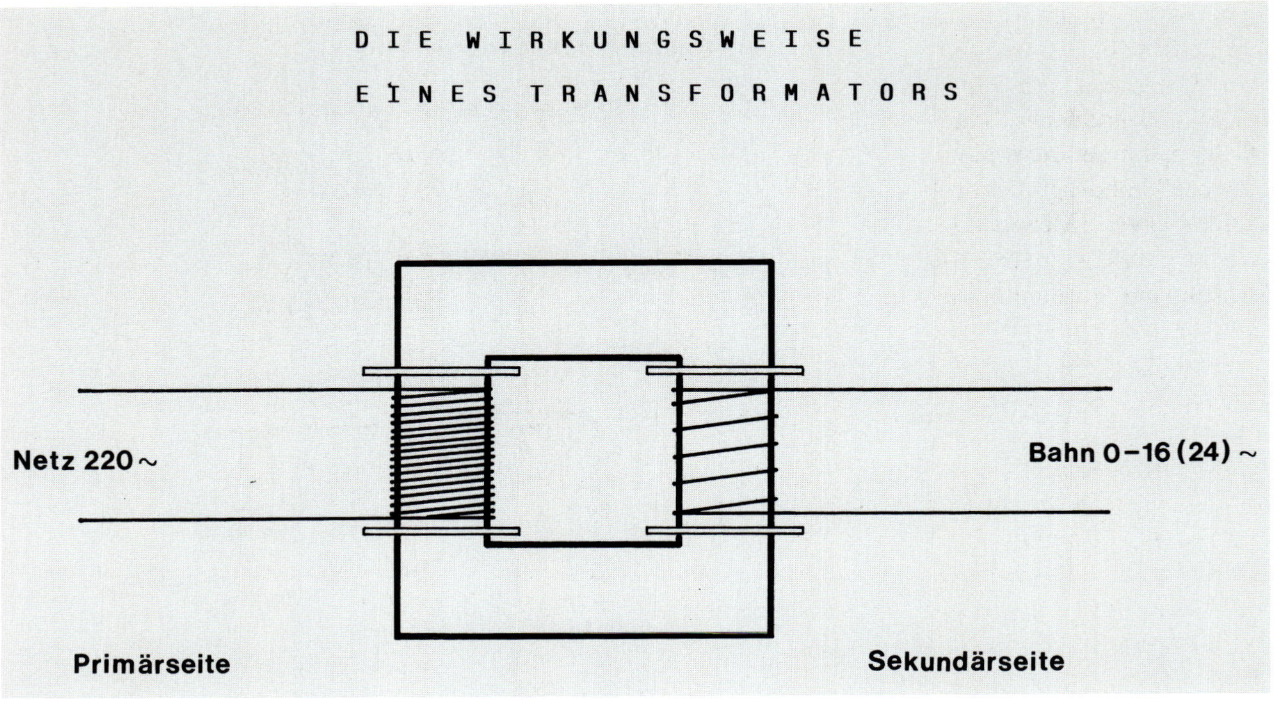

eine Wechselspannung entsprechend dem Verhältnis beider Wicklungen. Das Verhältnis der Ströme ist jedoch umgekehrt, so daß bei kleiner Spannung hohe Ströme und bei hoher Spannung kleine Ströme fließen.

Strom muß fließen, genau wie das Wasser im Kreislauf vom Meer und durch Verdunstung zu den Wolken, und wenn es regnet aufs Land und in Bächen, Flüssen und Strömen wieder zurück zum Meer. In einem elektrischen Stromkreis geschieht im Prinzip dasselbe. Vereinfacht ausgedrückt: Der Strom wird vom Kraftwerk hinausgeschickt, verrichtet seine Arbeit und kehrt im anderen Draht zurück. Bei der Eisenbahn gelangt der Strom zur Lok (Mittel- oder Oberleitung), bewegt den Motor und fließt über die Schienen zum Generator zurück.

Ebenso vereinfacht ist unsere Darstellung von Meßtechniken. Für uns ist lediglich die Tatsache interessant, wie wir Strom und Spannung, beispielsweise bei der Fehlersuche im Gleisnetz, feststellen können. Für einfache „Durchgangsprüfungen", also zur Feststellung eines Stromflusses von Gleis zu Gleis, genügt schon ein Lämpchen, an das wir zwei Kabel löten. Ob Spannung vorhanden ist, merken wir,

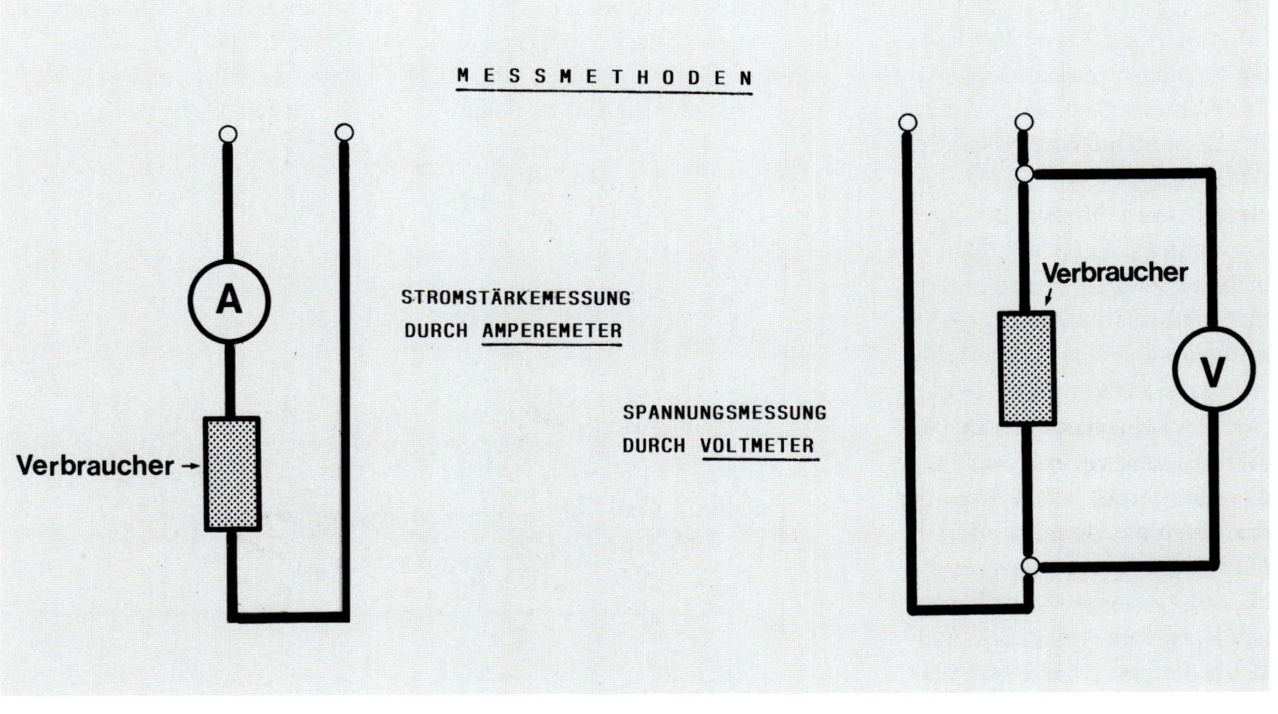

wenn wir einen Draht an den Mittelleiter drücken und die zweite Leitung an die „Masse", sprich Außenschienen, halten: Die Lampe muß brennen. Im Elektronikhandel gibt es aber auch preiswerte Meßgeräte, die vielseitig einsetzbar sind. Also: Messung des Stromverbrauchs und Feststellung einer anliegenden Spannung wie in der Skizze dargestellt.

Für das MÄRKLIN-Mittelleitersystem spricht die ausgezeichnete Stromübertragung. Das ist allein oft ausschlaggebend für die Entscheidung für ein bestimmtes Fabrikat. Optimale Stromübertragung ist schließlich Voraussetzung für ungestörtes Spiel. Risikofaktoren sind vor allem Weichenherzstücke, Schmutz auf den Schienen und den Laufkränzen der Antriebsräder. Hier treten Kontaktschwierigkeiten auf, die sich dank der vielen Stromübertragungspunkte auf beiden Schienen eines Gleises aber nur selten störend auswirken. Dazu kommt die „selbstreinigende Wirkung" der Punktkontakte, weil der Skischleifer die Punktkontakte sozusagen schmirgelt. Der Stromverlauf in einer solchen Lokomotive:

(1) Ankommender Strom vom Trafo
(2) Anschluß an den Mittelleiter
(3) Schleifkontakt
(4) Lokomotivkörper
(5) Räder
(6) Schienen
(7) Rückleitung (Masse) zum Trafo

Elektrolokomotiven im Modell erhalten wie in Wirklichkeit die zum Betrieb nötige Fahrspannung aus dem über den Gleisen gespannten Fahrdraht. Mit Hilfe eines kleinen Umschalters ist es aber auch möglich, den Strom aus dem Mittelleiter zu

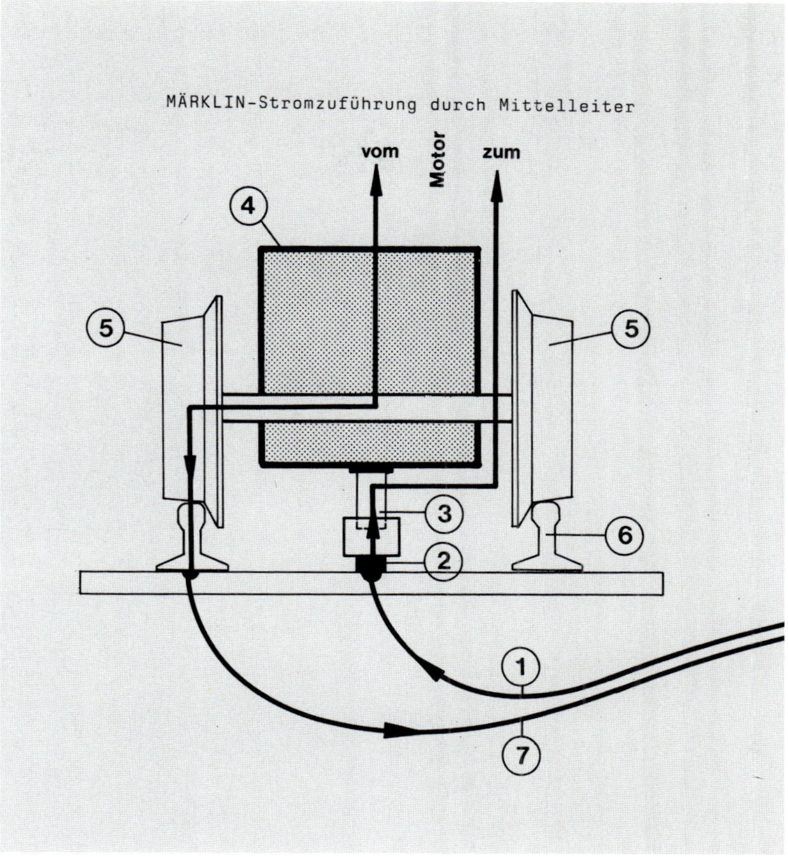

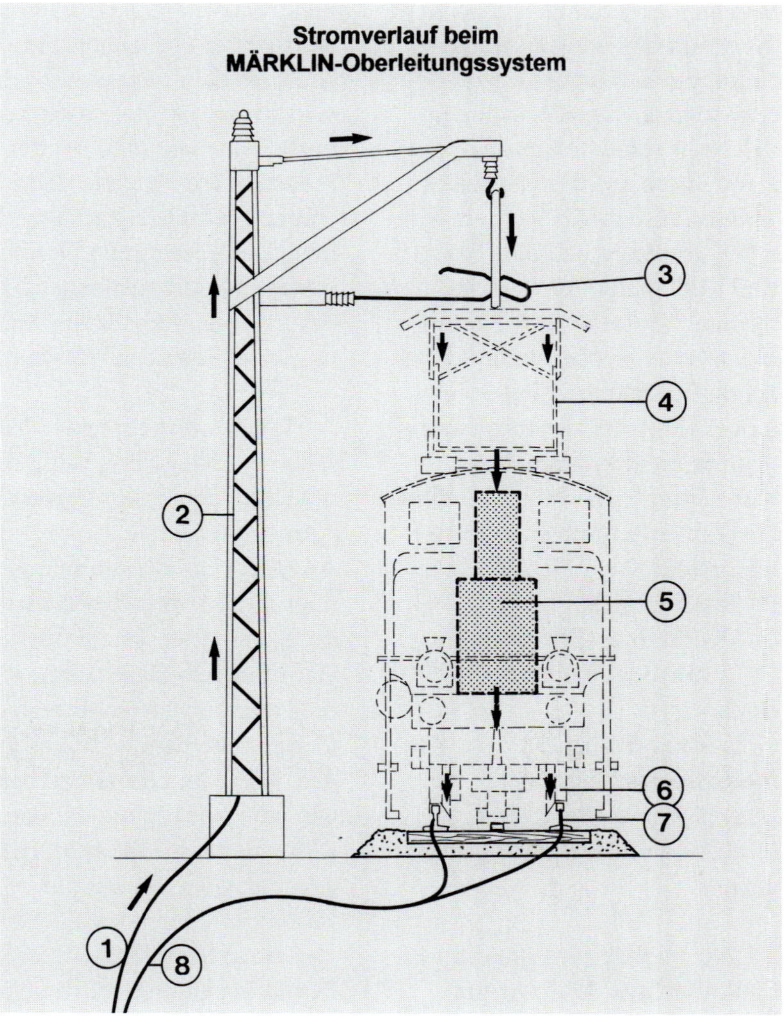

beziehen. So können wir wählen zwischen Ober- oder Unterleitungsbetrieb. Unabhängiger Betrieb zweier Züge ist also möglich, wenn eine Lokomotive ihren Strom aus der Fahrleitung und die andere ihn aus dem Mittelleiter bezieht und Fahrdraht und Mittelleiter von zwei getrennten Trafos versorgt werden. Das ist eine nicht zu unterschätzende Bereicherung der Spielmöglichkeiten. Der Stromverlauf in einer Elektrolokomotive (Zeichnung siehe Seite 23 unten):

(1) Vom Anschlußgerät (Transformator)
(2) Anschlußmast
(3) Oberleitung (Fahrdraht)
(4) Stromabnehmer auf dem Dach
(5) Lokomotivkörper
(6) Räder
(7) Schienen
(8) Kabel (braun) zum Anschlußgerät

Nun noch etwas praktische Elektrotechnik: Was wir für Elektroarbeiten an beziehungsweise unter der Anlage brauchen, ist nicht besonders viel. Da sind einmal der Seitenschneider und die Isolierzange. Weiter brauchen wir Pinzette und Schraubendreher, Kabelklemmen, Lüsterklemmen, Bezeichnungsschilder, ausreichend Kabel, insbesondere blaues, Lötzinn und einen kleinen Lötkolben.

Löten – oh Schreck! – Wer schon einmal gelötet hat, darf die folgenden Zeilen gerne überspringen. Wenn nein, sollte die Angst vor dem Löten schnell überwunden werden, denn ohne Löten geht hier fast gar nichts. Wir brauchen diese Arbeitstechnik, um beispielsweise zwei Drähte miteinander zu verbinden, Kabel an Lötösen zu befestigen oder nur um die widerspenstigen Litzendrähte so zu bändigen, daß sie sauber in die Lüsterklemmen oder Stecker eingeschraubt werden können. Beim Löten geht es darum, das leichtfließende „Lot" zum Schmelzen zu bringen, indem man es mit der Kolbenspitze erhitzt, und anschließend mit dem anzulötenden Teil kurz zusammenzudrücken. Sobald das heiße Lot zu glänzen beginnt, setzen wir den Kolben ab. Wenige Sekunden gewartet, und fertig ist die Verbindung. Die Vorstufe zum Löten wird als „Verzinnen" bezeichnet: Dabei isolieren wir die Kabel sauber ab, verdrillen die Drähte und berühren sie kurz mit heißem Lötzinn. Danach lassen wir die Lötstelle abkühlen. Damit vermeiden wir beim Einführen der vieladrigen Litze in Stecker oder Klemmen, daß häßliche und riskante „Bürsten" entstehen.

Der erste Schritt beim Verdrahten ist die schriftliche Bezeichnung aller vorzunehmender Anschlüsse. An der Plattenoberseite sind mittlerweile alle Anschlüsse vorhanden und die Leitungen hängen wirr nach unten. Zugleich schrauben wir entsprechend der Anzahl der Drähte Lötösen an, wahlweise können auch Lüsterklemmen (von der 12-teiligen Stange) benützt werden. Letztere Methode dürfte unserer Meinung nach für Anfänger die günstigere sein, da keine Lötkünste abverlangt werden. Die Kabelenden sollten nach Möglichkeit dennoch verzinnt werden. So präpariert lassen sich leicht auch mehrere Drähte in die Klemmen einführen. Leider sind die an Weichen und Signalen vorhandenen Leitungen selten lang genug, um bis zu den Stellpulten zu reichen. Mit Lüsterklemmen sind sie leicht zu verlängern. Zum gleichen Zweck kann man auch die beiden Leitungsenden miteinander verdrillen und verlöten.

Die Bezeichnungsschilder für alle elektrischen Leitungen sind auf der Grundlage einer Anschlußliste entstanden, die wir zu Beginn der Verdrahtungsarbeiten erstellt haben. Ohne Hilfe einer genauen Liste würde auch beim Bau unserer Anlage bald Chaos herrschen.

Es gibt sehr praktische Kabelhalter (12- bis 20-teilig und teils bunt), die eine solide und ordentliche Kabelverlegung erlauben. Hierbei drückt man die

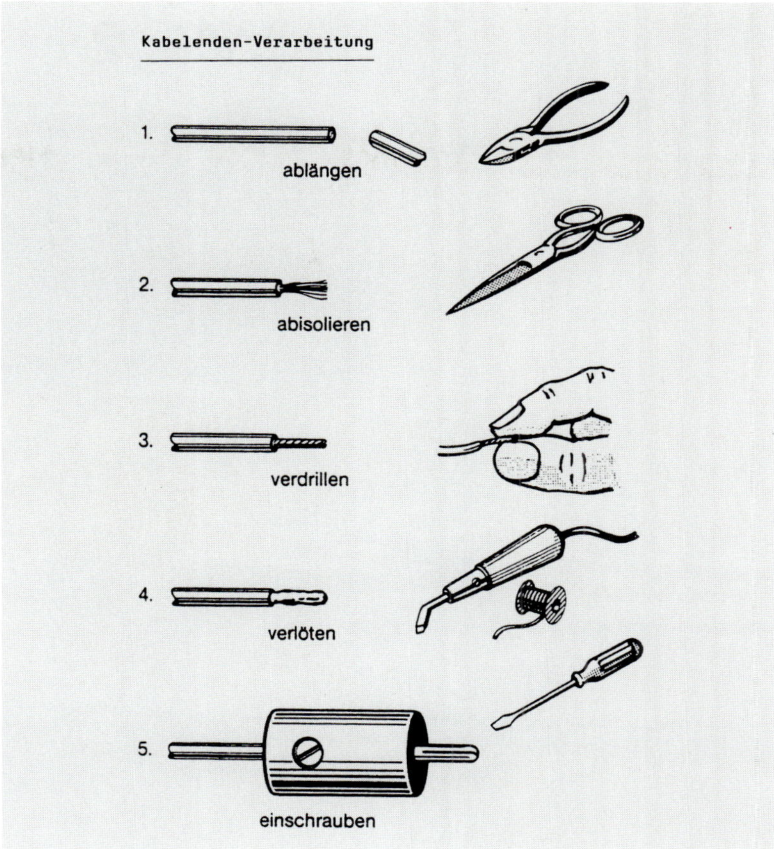

Drähte leicht gespannt in die Nuten. Auf diese Weise kann man sie auch über eventuelle Ecken führen. Nicht der kürzeste Weg zwischen dem anzuschließenden Magnetartikel oder anderen Leitungen und dem Bedienungspult ist der beste, sondern der ordentlichste. Dies läßt sich spätestens dann einwandfrei bestätigen, wenn es irgendwann einmal auf Fehlersuche geht. Wir wollen noch eine alte Erfahrung von Elektrikern weitergeben: Drähte, die an Ösen oder Klemmen angeschlossen werden, sollen eine etwa 20 mm lange Schlaufe erhalten. Sie ist einmal als Zugentlastung gedacht und schafft zweitens eine Längenreserve für den Fall, daß eventuell mal ein Kabel bricht. Vielleicht ist so mancher Modellbahner im Anfangsstadium einer Anlagenverdrahtung noch skeptisch. Wir sind jedoch sicher, daß es Ihm

Linke Seite oben: Beim Verdrahten wichtig: Stets alles sauber beschriften.

Oben: Mit diesen Geräten werden die Kabelenden richtig verarbeitet.

Rechts: Ein alter Elektrikertrick: 20 mm lange Schlaufen bilden eine Art Reserve bei eventuellen Kabelbrüchen.

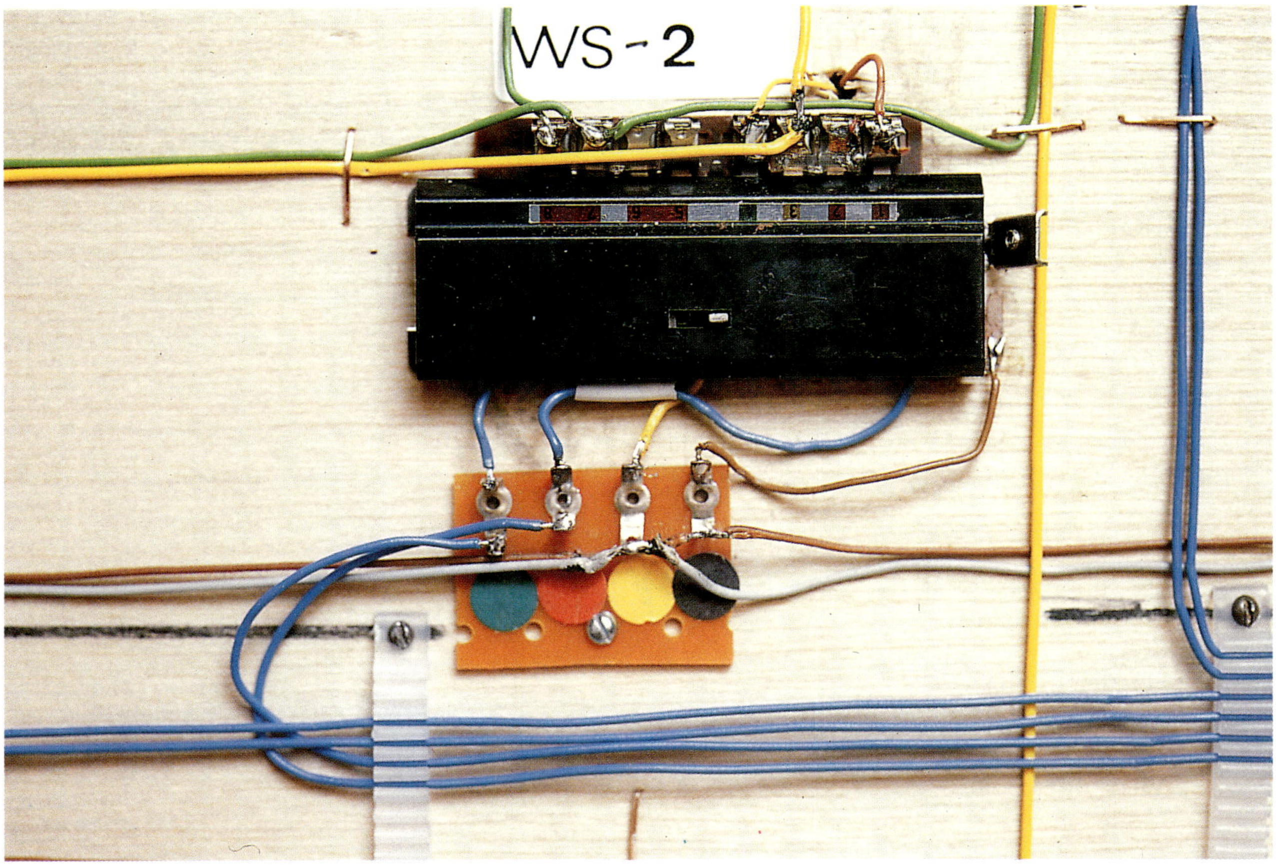

spätestens dann Spaß macht, wenn er die akkurat verlegten, bunten Leitungen vor sich hat.

Recht verzwickt scheinen die Anschlüsse zu bestimmten Artikeln, wie z. B. am Fernschalter 7245. Wir zeigen, wie man auch in solchen Situationen eine ordentliche Verlegung realisieren kann. Wer das Bedienungspult von der Anlage abtrennbar gestalten will, findet im Elektrohandel mancherlei praktische Hilfsmittel, wie zum Beispiel eine Kombination zwischen Klemmen und Steckern. Diese sind leicht anzubringen. Für Computer und andere elektronische Geräte gibt es zweckmäßige Stecker und Kupplungen zu kaufen, deren Handhabung aber meist eine gewisse Erfahrung voraussetzt.

Wenn wir uns die Unterseite einer sauber verdrahteten H0-Anlage ansehen, begreifen wir leicht den großen Nutzen einer exakten und möglichst immer rechtwinklig verlaufenden Kabelverlegung, auch wenn diese Arbeit ziemlich zeitaufwendig ist. Es gibt verschiedene Methoden, um Kabel an der Plattenunterseite zu befestigen.

MÄRKLIN empfiehlt seit langem die kleinen, eisernen „Krampen". Beim Einschlagen in nicht zu hartes Holz bereiten sie kaum Probleme. Allerdings darf nicht zu heftig geklopft werden, weil sonst die Kabelisolierung beschädigt werden könnte. Ein Kurzschluß könnte dann die Folge sein. Wenn die Grundplatte aus einer Hartfaser- oder Spanplatte besteht, ist das Einschlagen ohnehin kaum möglich. Eine gute Hilfe kann in diesem Fall der „Tucker" sein, wenn man seine Schlagkraft nicht zu streng einstellt. Doch auch hier besteht die Gefahr der Isolationsbeschä-

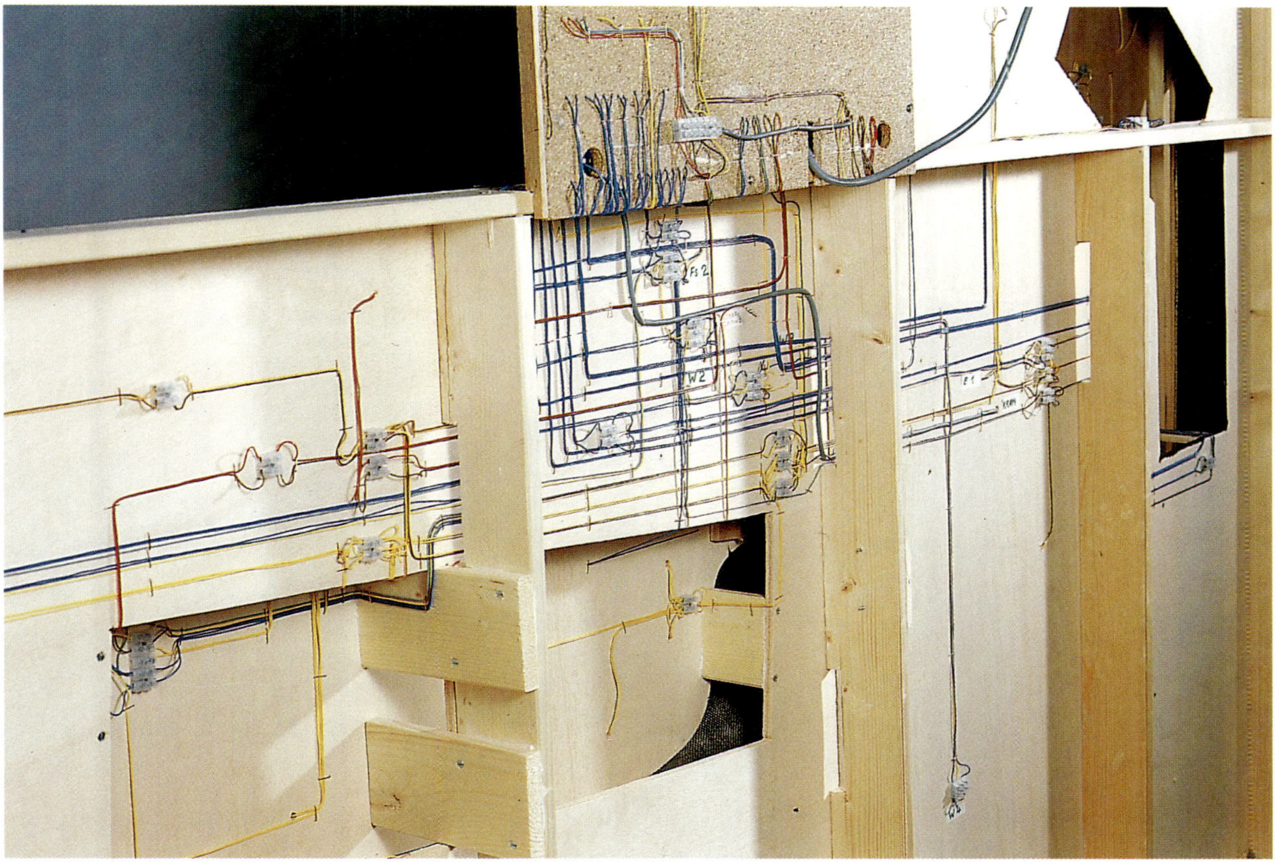

Linke Seite oben: So wird der Universalfernschalter richtig angeschlossen.

Linke Seite unten: Auch nach sechs Jahrzehnten ist diese Anlage dank sorgfältiger Arbeit noch voll funktionsfähig.

Oben: Unterseite einer fertig verdrahteten Anlage.

Unten: Märklin-Transformatoren einst und jetzt. Das neue Design ist eingeführt.

digung. Deshalb sollten soviele Adern wie möglich in den oben genannten Mehrfachkabelhaltern zusammengefaßt werden.

Werfen wir noch einen Blick zurück in die 30er Jahre, in die Jahre des Entstehens der 00-Bahn. Auf einem unserer Bilder sind ausschließlich Artikel von damals zu sehen. Sie wurden zudem äußerst fachgerecht installiert und funktionieren heute noch so gut wie damals. Als Gegenstück kann ein selbstgebautes Gleisbildstellpult gelten, das vereinfacht den Gleisplan einer großen Bahnhofsanlage wiedergibt. Sinngemäß befinden sich alle Tasten für Weichen, Entkuppler und Signale auf den dem Gleisverlauf entsprechenden Plätzen. Schnelle Orientierung und Handhabung sind dadurch ein Kinderspiel. Zusätzlich eingebaute Amperemeter können darüberhinaus einen Kurzschluß sofort anzeigen.

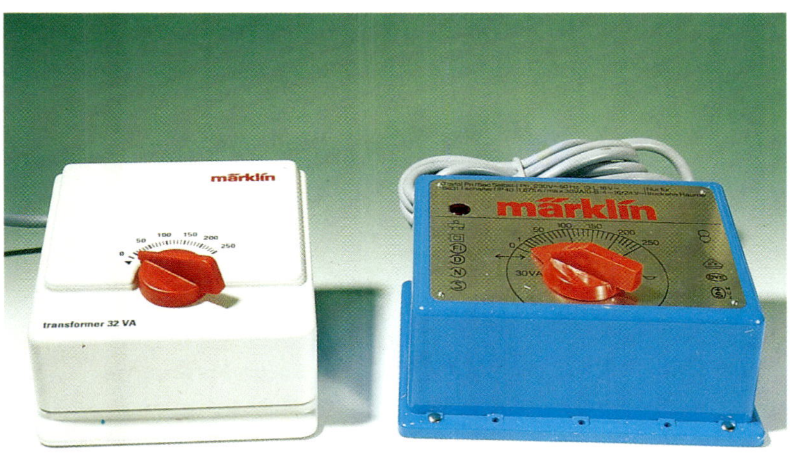

Die Zeit schreitet fort, und bald werden auch die typischen, uns seit Jahrzehnten vertrauten blau lackierten Trafos und Stellpulte von den schicken Geräten im modernen Design abgelöst. Zum optischen Vergleich müssen wir uns nur einmal den alten (Abbildung links), jedermann bekannten Transformator (Nr. 6631) und den neuen (Nr. 6002) ansehen. Ein Design für die nächsten Jahrzehnte?

Hier gibt es fünf Gleisgenerationen. Jahrzehntelang bestimmte das MÄRKLIN-Blechgleis das Bild elektrischer Eisenbahnen in den Wohnzimmern. Vorbildgetreu waren sie ja nicht gerade, die weiß-blechgeprägten Schienen und Schwellen, doch sehr stabil. Es gab dieses Gleis sowohl für die Spur 0 (32mm Spurweite) als auch die Spur I (45mm, gemessen jeweils an der Schieneninnenkante). Noch früher kannte man auch die Spurweiten „II" und sogar „III". Um Ungenauigkeiten vorzubeugen: Die Schiene ist der Eisenstrang, auf dem die

Oben: Fünf Generationen Märklin-Gleise für die elektrische Eisenbahn (v.l.n.r.): Spur 1, H0 mit durchgehendem Mittelleiter, das auch heute noch erhältliche Metallgleis, das Kunststoffgleis und ein bereits in einer Bettung liegendes Kunststoffgleis.

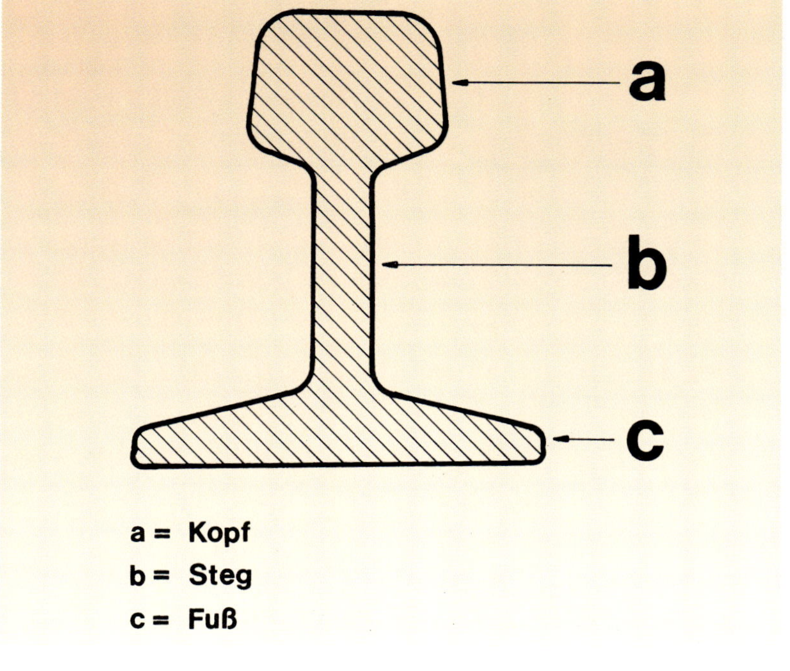

Links: Schienenquerschnitt.

Rechte Seite oben: Die beiden heute lieferbaren Märklin Gleise.

Unten rechts: Märklin-Weichen mit verschiedenem Abzweigwinkel. Links die „schlanke Weiche".

Räder rollen. Gleis heißt das ganze Gebilde aus Schotter, Schwellen und sogenannten „Kleineisenteilen" bis hin zu den Schrauben. Die Schwellen ruhen im „gestopften" Schotterbett.

Die Schiene selbst besteht aus dem Kopf, dem Steg und dem Fuß. Früher wurden die Schienen mit verschraubten Laschen verbunden, heute werden sie miteinander verschweißt. Das mühsame Schotterstopfen übernehmen Maschinen.

Die Miniatureisenbahn hatte mit der Schotterpflege ohnehin nie große Probleme: Eines der ersten Metallgleise lieferte das Bett gleich mit. Das M-Gleis war das erste „Miniatur-Tischbahn-Gleis" mit einer Spurweite von 16 Millimetern. Sein Mittelleiter bestand aus einem durchgehenden Blechstreifen, der zwar eine absolut sichere und gleichmäßige Stromübertragung bewirkte, aber doch einen optischen Man-

Das K-Gleis-Längenraster

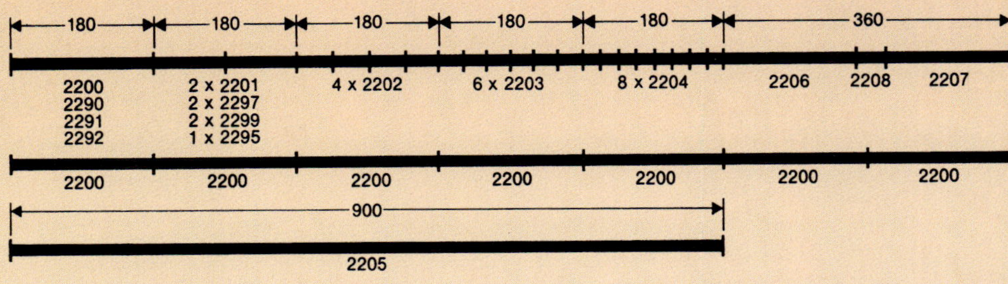

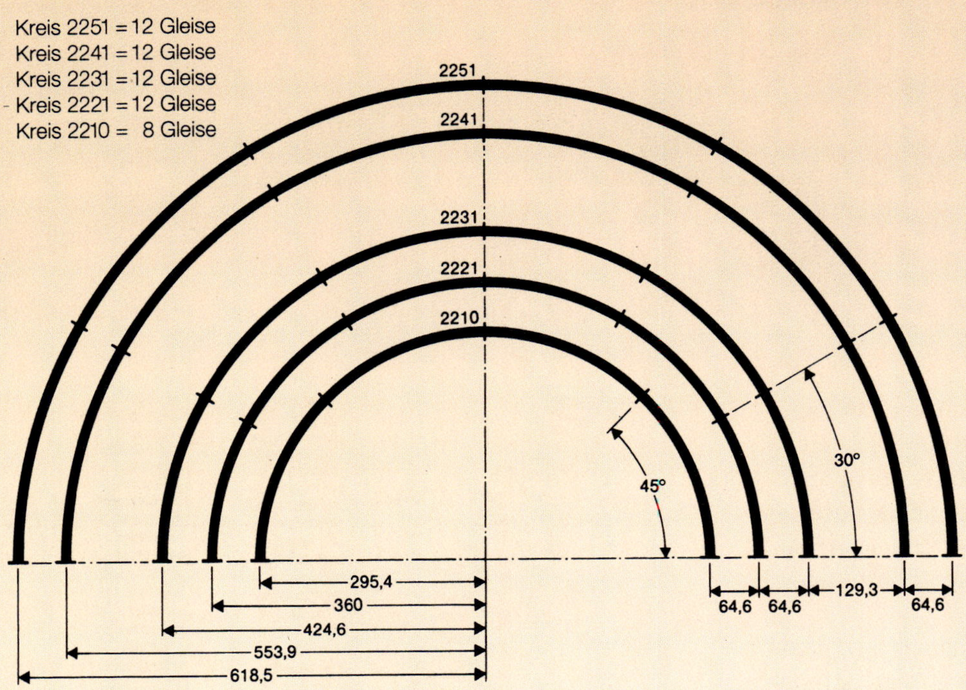

Weichen für Normalkreis II

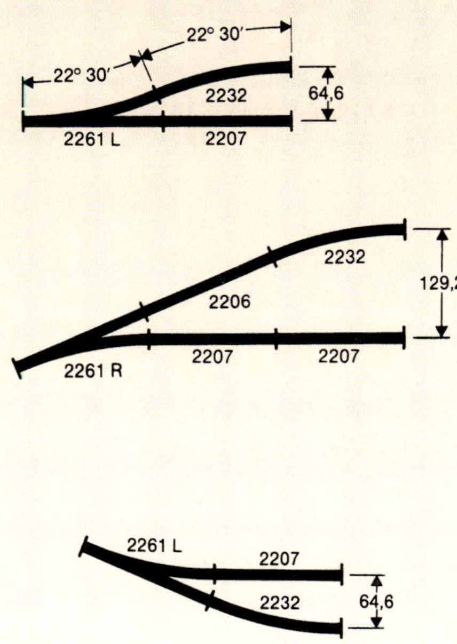

Kreuzungen für Normalkreis II

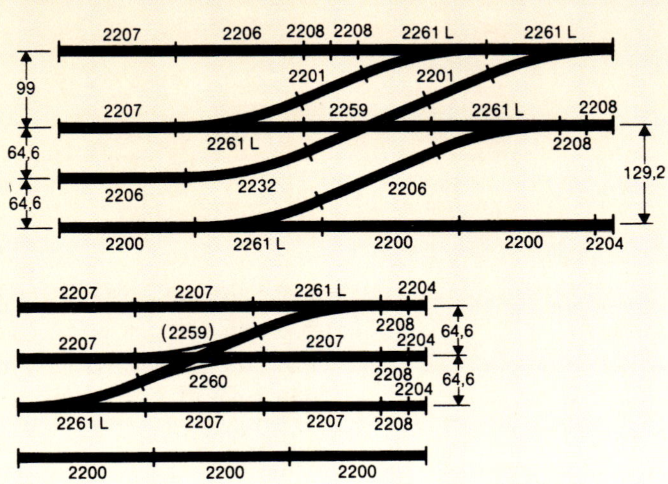

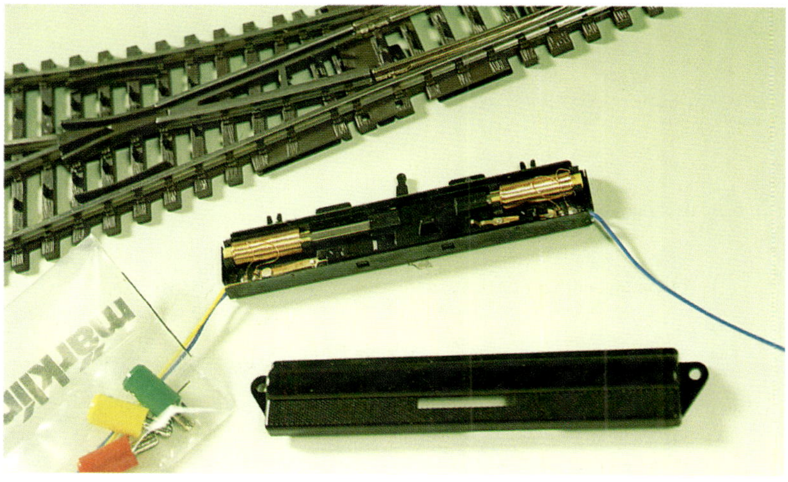

Oben: Der Metallkörper des M-Gleises sorgt für erhebliche Resonanz, die bisweilen als störend empfunden werden kann. Für Abhilfe sorgen die abgebildeten Elemente.
Unten: Für das K-Gleissystem gibt es auch Weichenantriebe, die unterhalb der Anlagenplatte angebracht werden können.
Linke Seite: Übersicht über die Gleisgeometrie des Märklin-Gleissystems.

gel darstellte. Dagegen war das farbige, blechgeprägte Schotterbett ein echter Fortschritt, denn bis dahin gab es nur Gleise, deren Schwellen direkt am Boden auflagen.

Der durchgehende Blechstrang für die Stromversorgung über einen „Schleifer" wurde durch das unauffällige Punktkontaktsystem ersetzt: Unter dem Blechgleiskörper war unsichtbar ein Metallstreifen angebracht, dessen „Noppen" isoliert nach oben ragten, wo sie mit dem Schleifer in Berührung kamen. Von oben waren die „Pukos" (Punktkontakte) kaum zu sehen.

Schließlich war die Zeit reif für das „K-Gleis". Es trug der Kritik anspruchsvoller Modellbahner Rechnung, die den wenig vorbildtreuen Blechkörper in Schottermanier bemängelten. Zudem waren die steifen Gleisstücke nicht immer in eleganten Bögen und vorbildgetreuen Figuren zu verlegen.

Beim M-Gleis kam noch erschwerend hinzu, daß der Blechkörper erhebliche Resonanzwirkung hatte. Mit dem Styroplast-Schotterbett für die K-Gleise wurde zweierlei erreicht: Einmal wurde das Gleis optisch aufgewertet, denn die Oberfläche ist mit feinem Korkschotter belegt; zweitens halten die Gleise ohne weitere Maßnahmen in den

Schwellenvertiefungen fest und können problemlos wiederverwendet werden. Das Fahrgeräusch der Züge nimmt zudem deutlich ab. Auch für M-Gleise hat man sich Hilfsmittel einfallen lassen, vor allem für eine effektive Geräuschminderung. Bei Bedarf hilft uns hier der Fachhändler weiter.

Für das K-Gleis bietet MÄRKLIN eine vielfältige Palette verschiedener Gleis- und Weichenformen. Im Katalog befassen sich fast 20 Seiten allein mit Gleisen. Das ist eine gute Hilfe, um sich einen Überblick über Angebot und Möglichkeiten zu verschaffen. Mit dem langen Flexgleis Nr. 2205 können wir nicht nur über längere Strecken die Verwendung kürzerer Gleisstücke vermeiden, sondern mit etwas Geschick große, elegante Bögen verlegen. Nicht zu vergessen die Funktionsgleise zum Abkuppeln von Wagen oder zum Auslösen elektrischer Impulse.

Linke Seite oben: Mit einer Säge durchtrennen wir Kontaktlaschen, um dann ein Kabel für die Stromzuführung anzulöten. Diesen Eingriff überprüfen wir sofort auf seine Funktionstüchtigkeit (unten links).

Oben: Sauber in Bettungen verlegte Gleiselemente. An einigen Stellen muß noch etwas nachgeschottert werden.

Für K-Gleise gibt es auch Weichenantriebe, die an beliebiger Seite, oberhalb oder unterhalb der Grundplatte angesteckt werden können.

Bei der Anlagenbaubeschreibung werden wir noch genauer auf die Gleisverlegung eingehen. Hier nur soviel: Bei größeren Anlagen lohnt es sich, auf die Hilfen für die elektrischen Anschlüsse im Gleisbereich zu verzichten. Wer bereits den Umgang mit dem Lötkolben geübt hat, kann sich damit helfen, daß er zur elektrischen Trennung des Mittelleiters die Kontaktlaschen durchtrennt und ein (rotes) Kabel anlötet. Dabei sollte nicht zu große Hitze an den leicht schmelzenden Schwellenkunststoff gelangen. Derartige Gleisverbindungen müssen sofort überprüft werden, um entweder die Stromtrennung, oder eben den gewünschten Stromfluß sicherzustellen.

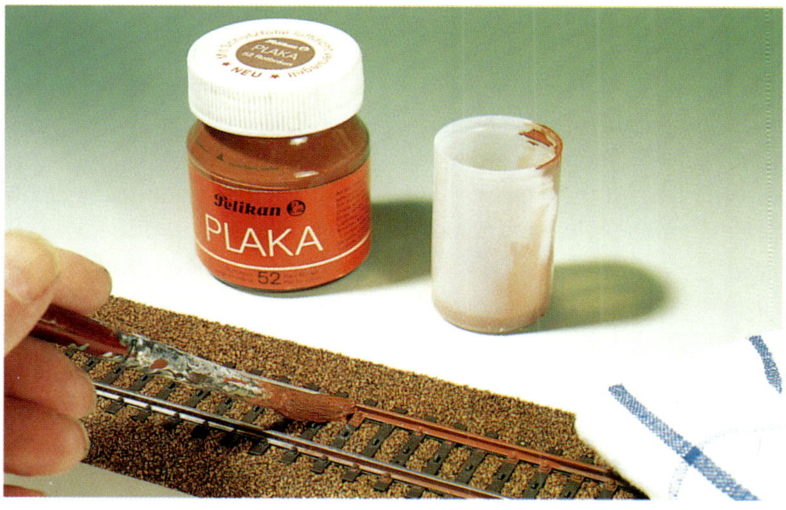

Unten rechts: Farbliches Nachbehandeln mit Plaka-Farben erhöht den realistischen Gesamteindruck der MÄRKLIN-Gleise.

Nachdem die Gleise z.B. für eine Bahnhofseinfahrt verlegt, die Signale installiert und die Gleisbettung bis auf wenige Stücke sauber verlegt worden sind, stehen noch einige Nacharbeiten an. Mit etwas losem Korkschotter bessert man die vorhandenen kahlen Stellen mühelos aus.

Wer seine Gleise noch realistischer gestalten möchte, muß die Schienenflanken mit rostbrauner Plaka-Farbe (Nr. 25) nachfärben. Die Farbe erhält einen Tropfen Pril, das erhöht die Haftung der Bemalung. Ganz wichtig zur Pflege der späteren Kontakte ist es, die Schienenoberkante sofort mit einem Lappen zu reinigen und eventuell nach dem Trocknen mit feinem Schmirgelpapier nachzuschleifen. Bewegliche Teile, wie etwa Weichenzungen, dürfen keine Farbe abbekommen. Die Wirkung der Prozedur ist allerdings die Mühe wert. Denn wo in der Wirklichkeit liegen Schienen metallglänzend vor uns, mit Ausnahme der Lauffläche natürlich?

Ist das wirklich ein Modellgleis? Diese Frage dürfen wir uns in der Tat stellen, nachdem wir die MÄRKLIN-Gleise sorgfältig verlegt und farblich nachbehandelt haben. So muß man schon manchmal genau hinschauen, um sich diese Frage zu beantworten. Bitte immer beachten, daß Gleise, sofern sie nicht im Bahnhofsbereich liegen, immer auf einem kleinen Damm verlegt sind, dem sogenannten Unterbau. Wir haben dies bei unseren Anlagen- und Dioramenbeispielen nachvollzogen.

***Linke Seite:** Dieser Anlagenausschnitt zeigt den optischen Gewinn, hervorgerufen durch Einfärben der Gleise.*

***Oben:** Gleise sollten, außer im Bahnhofsbereich immer auf einem kleinen Damm verlaufen. In der Gleismitte ist ein Schutzgaskontakt, der zum Schalten von Magnetartikeln verwendet wird, eingelassen.*

***Mitte:** Der Bahnhof Thörl-Maglern. Hier ist sehr schön die Lage der Gleise zu erkennen. Ein paar Blümchen dürfen wir also getrost im Gleisbereich sprießen lassen.*

***Rechts unten:** Wir können die zu verlegenden Gleise auch bereits vor dem Einbau in die Anlage farblich nachbehandeln.*

Es war ein weiter Weg von den Beobachtungen des kleinen James Watt am mütterlichen Herd bis zur Entwicklung der Dampflokomotive. Viele Konstrukteure und Erfinder mühten sich ihr Leben lang, die neue Energie in nützliche Bahnen zu lenken. Nach Jahrzehnten gelang es, Dampf in Bewegung umzusetzen, bis schließlich eine kontinuierliche Drehung erreicht wurde. Bei der Eisenbahn kam die konsequente Nutzung der Elektrizität vor dem Durchbruch des Dieselmotors, und heutzutage beherrscht der elektrische Strom die Energieversorgung der Eisenbahnen.

Symbol von Kraft und Schnelligkeit blieb gleichwohl bis zum heutigen Tag die Dampflok, auch wenn nur noch

Oben: Alle drei Traktionsarten in Form von Märklin-Modellen: Hinten eine Dampflok der BR 78, in der Mitte eine Diesellok der BR 212 und vorne eine Ellok der BR 140.

Links: Eine Dampflok in Aktion. Besonders die formschönen 01er waren sehr beliebt (Foto: Willen).

Rechte Seite oben: Blick in den Führerstand einer Dampflokomotive (Foto: Schmidt).

Rechte Seite unten: Sie war die größte Tenderlok in Europa, die spätere BR 96, von der es ein exzellentes MÄRKLIN-Modell gibt.

wenige Exemplare erhalten sind, die von aktiven und passiven Fans gepflegt werden. Ältere Zeitgenossen erinnern sich mit wohligen Schauern an die zischenden, im Takt der Speisewasserpumpe hämmernden Schläge, an den Duft, wenn sich heißes Öl mit siedendem Dampf vermischte und der Geruch von Ruß und Rauch die Luft erfüllte. Etwa ein Jahrzehnt lang war es still um die Dampfrösser, heute sind sie wieder da. Viele Sonderfahrten „unter Dampf" werden organisiert und erfreuen sich wachsender Beliebtheit.

Wenn wir uns gleich hier ein wenig mit der Typologie der Lokomotive befassen, fällt uns später die Entscheidung für die Modelle leichter, die auf unsere Anlage passen. Natürlich ist die Dampflok wegen ihres Symbol- und Nostalgiewertes uneingeschränkter Favorit bei den Hobby-Modellbahnern wie bei der Industrie. Da sind die großen Schlepptender-Lokomotiven, die ihrem Verbrauch entsprechend

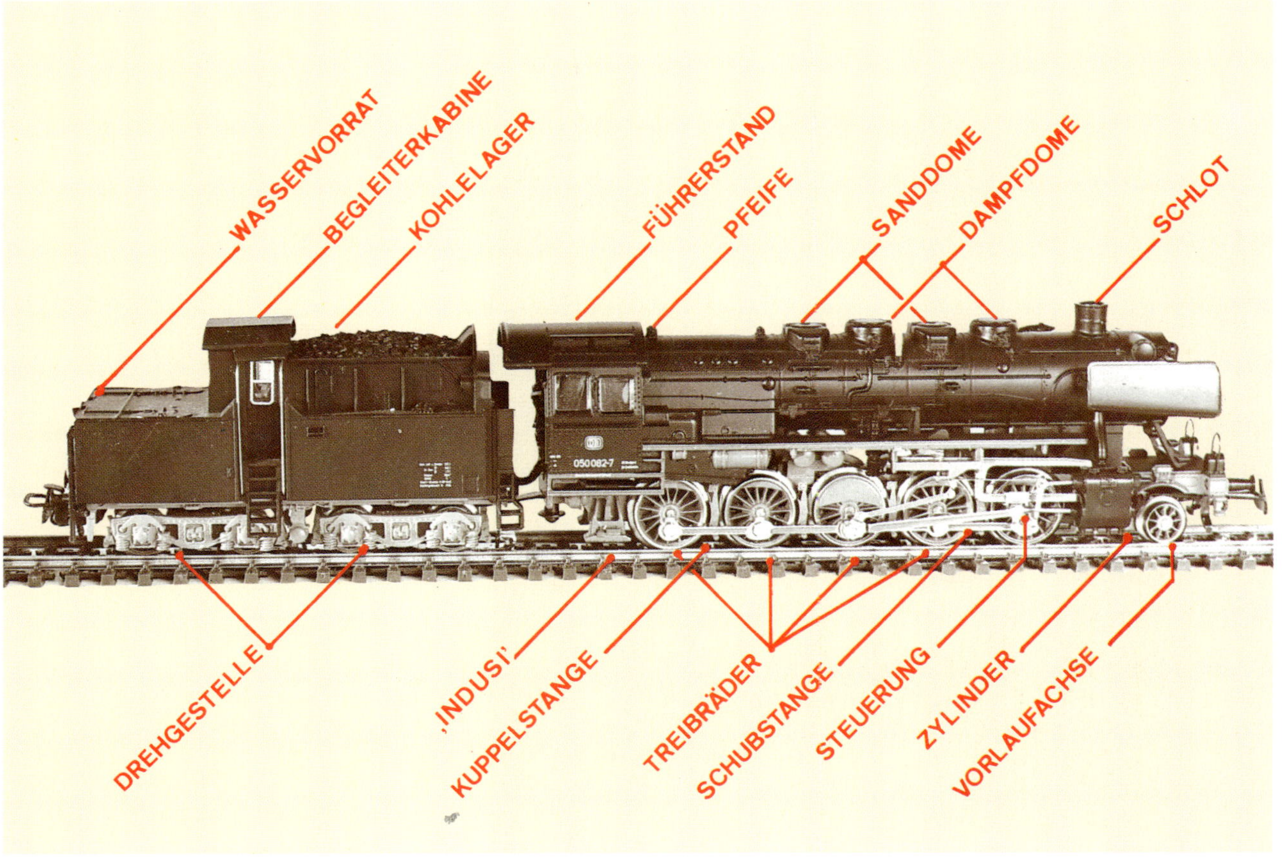

große Mengen an Kesselwasser benötigen, das nach getaner Arbeit als Dampf durch den Schornstein entweicht und das herrliche stampfende rhythmische Geräusch erzeugt. Der weitaus kleinere Raum im Tender wird von Kohle oder Öl beansprucht. Tenderlokomotiven benötigen ihres kleineren Aktionsradius wegen auch geringere Vorräte. Die Behälter dafür befinden sich teils seitlich oder hinter dem Führerhaus.

Am Beispiel des Modells einer Güterzuglok der Baureihe 50 machen wir die wichtigsten Bauteile deutlich. Die Anzahl und Bezeichnung der Achsen ist hier 1 E, entsprechend der gültigen Achsfolgebestimmung. Laufachsen werden mit Zahlen gekennzeichnet, die 1 bedeutet hier also: eine Laufachse. Die Treibachsen werden mit Buchstaben „numeriert". Ein A bedeutet eine Treibachse, das E also fünf Treibachsen. Gezählt wird immer vom Lokvorderteil aus. Rechts in Fahrtrichtung ist die Lokführerseite, links die Heizerseite.

Die Achsfolgen werden übrigens mit Buchstabenkürzeln und Zahlen beschrieben. Ohne sie kommen wir auch im Modellbahnerjargon nicht gut aus:

1 – eine im Hauptrahmen gelagerte Laufachse

Oben: Die wichtigsten Baugruppen einer Dampflok, aufgezeigt am MÄRKLIN-Modell der BR 50.

Unten: Dampflok der BR 03 im Einsatz auf der Anlage. Die Lok verfügt über zwei Vorlaufachsen, drei Kuppel- oder Treibachsen, die fest miteinander verbunden sind, und eine Nachlaufachse.

1´– eine vom Hauptrahmen unabhängige Laufachse

2´– zwei aufeinanderfolgende, in einem Drehgestell vereinigte, vom Hauptrahmen unabhängige Laufachsen

A – eine angetriebene Achse im Hauptrahmen

B – zwei angetriebene Achsen im Hauptrahmen, die miteinander gekuppelt sind, usw.

Auch bei der Elektrotraktion zeigen sich unterschiedliche Bauphasen. So liegen zwischen einer E 94 und der BR 120 Welten. Eine stammt aus einer Zeit, als Elloks noch Ecken und Kanten hatten. Es war eine bullige Maschine, die vorzugsweise auf Gebirgsstrecken ihre Schwerstarbeit verrichtete. Überdeutlich dokumentiert der Vergleich mit der attraktiv roten 120 104-5, einer ebenso starken wie schnellen Mehrzwecklokomotive, den technischen Fortschritt. Blättern wir den MÄRKLIN-Katalog durch, finden wir sicher das Richtige: Schnellzugloks spannt man nicht vor lange Güterzüge, und eine Rangierlok paßt nicht zu IC-Wagen – außer beim Rangierbetrieb.

Interessant ist das Innenleben der Lokomotiven, beispiels-

Oben: Zwei Generationen in der elektrischen Traktion: Hinten E 94, vorne BR 120.

Unten: Innenleben eines DELTA-Triebwagens.

weise eines Akkutriebwagen-Modells der Baureihe 515, eines typischen Nahverkehrsfahrzeugs. Im Vergleich mit anderen Erzeugnissen fallen sofort erhebliche Unterschiede in der Modellbahntechnik auf. Vor allen Dingen gibt es kein Relais mehr, das früher den gefürchteten Bocksprung beim Umschalten der Fahrtrichtung erzeugte, verbunden mit einem grellen Lichtblitz. Dank elektronischen Fahrtrichtungswechsels geht das heute geräusch- und bewegungslos vor sich.

Auch im Zeitalter elektronischer Spiele und Computer gelingt es durch die gemeinsamen Bemühungen von Industrie und Handel immer wieder, modellbahnerischen Nachwuchs für unser Hobby zu begeistern. Dank der übersichtlichen Struktur der MÄRKLIN-Loks ist z.B. das Auswechseln von Kohlen und Bürsten einer vorübergehend altersschwachen Lokomoti-

Linke Seite oben: Mittels eines einfachen Generators können MÄRKLIN-Dampflokomotiven echten Dampf von sich geben.

Linke Seite unten: Hier wechselt ein vielversprechendes Nachwuchstalent Kohlen und Bürsten aus.

Nachbildung der Heusinger-Steuerung an einer MÄRKLIN-Lok der BR 41.

Unten: Hier dampft das große Vorbild der BR 41 kraftvoll aus einem Tunnel bei Freienohl (Foto: Schmidt).

ve auch für unseren Nachwuchs kein Problem.

Die meisten MÄRKLIN-Dampfloks sind für den Einbau eines Rauchgenerators vorbereitet. Es ist ganz leicht, diesen mit wenigen Handgriffen einzubauen und die Besucher sind entzückt, wenn die schwere Lokomotive paffend über die Strecke fährt.

Bei einer Nahaufnahme des Triebwerks einer schweren Dampflok spüren wir förmlich die Robustheit der Heusinger-Steuerung. Der Lokführer kann diese per Handrad von seinem Platz aus für Vor- und Rückwärtsfahrten betätigen. Die massive Schubstange vermittelt bei ihren exzentrischen Bewegungen einen lebendigen Eindruck von der Kraft, mit der sie auf die Kuppelstange wirkt. Betrachten wir Dampfloks genauer, so fällt uns auf, daß die Räder von Typ zu Typ verschieden groß sind.

44 1093

Güterzuglokomotiven besitzen kleine Antriebsräder, Schnellzugloks dagegen solche mit großem Durchmesser. Wie bei einem Zahnradgetriebe wird so die Leistung, auf Kosten oder zu Gunsten von Geschwindigkeit oder Zugkraft übertragen.

Faszinierend ist es, eine Schnellzugdampflok auf der Streckenfahrt zu erleben. Besonders, wenn der Zug nicht zu schnell fährt, was man daran sieht, daß an Rädern und Triebwerk alle Einzelheiten zu erkennen sind. Verschwänden die Konturen dieser Teile, erschienen die rotierenden Räder nur mehr als unscharfe Scheiben, so wäre das Tempo des Zuges überhöht. Das ist eine alte Faustregel, die uns auch ohne Meßgeräte gestattet, die Fahrgeschwindigkeit abzuschätzen und die Höchstgeschwindigkeit nicht zu überschreiten. Viele Eisenbahnspieler lassen die Züge viel zu schnell fahren. Auch wenn's

Linke Seite: Herrliche Gegenlichtaufnahme eines schweren Güterzuges mit zwei Dampflokomotiven der BR 44, wobei wir von der Schiebelok lediglich die Dampffahne erkennen können.
Oben: Die formschöne und elegante Ellok der BR 118 (Fotos: Schmidt).

Unten: Schiebedienst mit der bulligen E 94 auf der Spessartrampe.

dem einen oder anderen Spaß macht – vorbildgetreu ist das nicht. Vor allem dann, wenn als Gag derart gerast wird, daß die Züge aus den Kurven kippen. Natürlich fahren Schnellzüge und sogar schon manchmal Güterzüge weit mehr als Tempo 100, aber wir sollten es auch mal genießen, einem mit mäßiger Geschwindigkeit in der Landschaft rollenden Zug zuzuschauen. Und wenn wir zugleich die durchfahrene Landschaft im Auge behalten, erkennen wir schnell, ob das Modelltempo der Realität entspricht.

Oben: Der ICE, Symbol der neuen Bahn und auch im Modell ein echter Renner.

Unten: Mit einem Lokführer bestückt, wirkt eine Modellok viel realistischer.

Mit Lokomotiven können wir uns immer wieder beschäftigen, nicht nur zum Reinigen und Pflegen. Da sind etwa die schwarzen Dampfloks, die meist dunkel glänzend aus der Fabrik kommen. Vor allem Fotofreunde ärgern sich über unschöne Reflexe, zum Beispiel der vielen, mit Kleinteilen bestückten Kesselarmaturen und Rohre. Das kam in Wirklichkeit bestenfalls dann vor, wenn die Lok direkt aus der Werkstatt rollte. Abhilfe ist einfach und bei Nichtgefallen reparabel, wenn man nicht gleich in einer Radikalkur die Maschine patinieren und altern will, mit vielen Gebrauchsspuren und Alterspatina. Die Prozedur ist einfach: Ein wenig Kinderpuder wird mit Hilfe eines breiten Kosmetikpinsels aufgetragen (von der Besitzerin nicht unbedingt erwischen lassen!) und ungleich-

Oben: Mit Puder, etwas echter Kohle und Figuren von Lokführer und Heizer lassen sich die fabrikneuen Modelle auf alt trimmen.

Unten: Der Vergleich lohnt die geringen Mühen allemal. Hinten eine gealterte BR 86 und vorne die fabrikneue Version, direkt aus der Schachtel aufs Gleis gestellt.

mäßig verwischt. Vorbildfotos aus dem Dampflokbetrieb helfen beim Suchen nach den Stellen, die viel mit Wasser in Berührung kamen. Der weiße Puder imitiert Kalkspuren und mattiert das schwarze Lokgehäuse.

Eine modellgetreue Dampflokomotive bedarf auch des Personals. Lokführer und Heizer dürfen da nicht fehlen, mit einem Tropfen UHU-plast kann man das Personal leicht festmachen, allerdings geht´s nicht immer ohne Amputation unterer Körperpartien. Und gut schaut es immer aus, wenn ein Mann lässig die Ellenbogen aus dem Fenster hängen läßt. Echte Kohle sieht „am natürlichsten" aus – kein Wunder. Besorgen wir uns einen Brocken Schlesische Steinkohle und klopfen ihn mit dem Hammer klein – sehr klein! –, so können wir das Pulver mit UHU auf die Imitation kleben. Der Effekt ist sehr verblüffend und täuscht Echtheit der Tenderfüllung vor. Wer diese Wirkung weiter erhöhen will, kann vor allem das Triebwerk mit etwas schwarzer und rostbrauner Farbe überpinseln. Damit imitieren wir die in Wirklichkeit hier vorhandenen Öl- und Rußspuren. Mit der rostbraunen Farbe läßt sich gut Flugrost darstellen, der sich vor allem beim Bremsen bildet. Bei Elloks und Dieselmaschinen tauchen weit weniger Gebrauchsspuren auf, etwas Patina kann aber nicht schaden.

Auf einer unserer Aufnahmen zeigen wir mit dem modernen ICE quasi die neue Zeit, sie wird von ihm bestens repräsentiert. Nur – was tut ein solcher Zug auf einer Kleinanlage? Eher große Radien, schlanke Weichen und reichlich Platz dürften seinen Einsatz rechtfertigen. Ansonsten bildet er ein prächtiges Schmuckstück in der Vitrine.

Hier alle Fahrzeuge vorzustellen, die MÄRKLIN anbietet, wäre weder sinnvoll noch vernünftig. Das geschieht im Katalog umfassend und gründlich. Ein paar Beispiele mögen genügen: Ein typischer Nebenbahnzug, wie er im ausgehenden 19. Jahrhundert vielfach verkehrte, gezogen von einer Lok mit der Achsfolge D, also mit vier gekuppelten Antriebsachsen. Diese Maschine ist eigentlich für den Rangierverkehr konstruiert worden, versah aber auch wegen ihres relativ hohen Leistungsvermögens regelmäßig Streckendienst. In den damals recht kurzen Wagen saßen die Reisenden auf harten Holzbänken.

Bayerische und preußische Abteilwagen sind den Älteren unter uns sicher noch in Erinnerung, fuhren sie doch jahrzehntelang besonders auf Nebenstrecken teils mit, teils ohne Bremserhaus. Sie waren nicht gerade sehr bequem. Der kontrollierende Schaffner konnte nicht durch einen Gang von Abteil zu Abteil gehen, er mußte sich bei Wind und Wetter auf dem Trittbrett den Zug entlang hangeln. Die Fahrzeuge wurden in Zweiergruppen eingesetzt, wobei der kurze Abstand ein sehr geschlossenes Zugbild ergab. Nach dem

Oben: Eine typische Garnitur, wie sie zu Länderbahnzeiten unterwegs war.

Links: Die guten alten Abteilwagen, wie sie noch in den fünfziger Jahren gebräuchlich waren.

Rechte Seite oben: Die dreiachsigen Umbauwagen, mit und ohne MÄRKLIN-Kurzkupplung.

Rechte Seite unten: Bunt ist das Erscheinungsbild der internationalen Schnellzugwagen geworden.

Zweiten Weltkrieg wurden die Wagen oben herum vollständig modernisiert, blieben aber weiter dreiachsig.

Am Beispiel der schon erwähnten Umbauwagen wollen wir den frappanten Unterschied von Wagen mit althergebrachter Kupplung (unten) und der neuen Kurzkupplung zeigen. Das geschlossen wirkende Zugbild macht jetzt erst so richtig deutlich, wie wenig die früheren fingerdicken Abstände der Wirklichkeit des Großbetriebs entsprachen.

Bei den neuesten Schnellzugwagen besteht das Problem der zu großen Abstände nicht mehr. Solche Züge wirken immer wie aus einem Guß, gleich aus welcher Nation sie stammen. Bunt, ja manchmal fast zu bunt, rollen sie fast lautlos über die Gleise. Die Designer können sich so recht austoben, wenn Eleganz und typische Farbgebung verlangt werden. Die Schweizer Einheitsschnellzugwagen beweisen, daß auch Technik „schön" sein kann. In der praktischen Packung finden wir passende Zuglaufschilder. Die Wagen haben verstellbare Puffer und sind vorbereitet für eine stromführende Kupplung. Selbstverständlich gibt es für sie auch Austauschradsätze.

Riesengroß ist die Auswahl an MÄRKLIN-Güterwagen. Kaum ein Wagen gleicht dem anderen, immer ist seine Zweckbestimmung maßgebend für Form und Konstruktion. Einige wollen wir vorstellen (sehen Sie bitte dazu die Abbildung auf Seite 48 oben).

A – Alter offener Güterwagen aus einem Wagenset. Ihn

ziert noch das früher übliche Bremserhaus.

B – Geschlossener Wagen mit relativ flachem Dach, der offenbar dem Biertransport diente, wie die Werbung deutlich macht.

C – Mit Rundholz beladener offener Güterwagen. Die Balken lassen auf fachmännische Ladeweise schließen.

D – Schotterwagen, der beispielsweise in einem Kieswerk beladen werden kann und sich selbständig entleert.

E – Einer der verbreitetsten geschlossenen Güterwagen für empfindliche Güter aller Art.

F – Flachwagen mit abnehmbaren Behältern für flüssige Substanzen aller Art.

G – Kesselwagen, vorwiegend für Benzin und andere Treibstoffe. Diese Wagen sind in

aller Regel im Privatbesitz.

H – Plattformwagen, hauptsächlich für selbstfahrende Ladung. Niedere Bordwände, daher leicht zu beladen.

I – Rungenwagen, er dient vornehmlich dem Holztransport. Die Rungen befinden sich unter dem Wagenboden.

K – Auto-Spezialtransporter. Er ist entweder Bestandteil von Autoreisezügen oder dient dem Werkverkehr.

L – Offener Güterwagen, hier mit echter Kohle beladen. Ein häufig verwendetes Fahrzeug, z.B. beim Rübentransport.

M – Schwenkdachwagen, ein Großraumgüterwagen, der rasches Be- und Entladen etwa mit einem Kran erlaubt.

Die Liste der Güterwagen ließe sich noch beliebig fortset-

Linke Seite oben: Güterwagen erfüllen stets eine bestimmte Transportaufgabe. Die Funktion der abgebildeten Wagen ist im Text erklärt.
Linke Seite unten: Zweiachsiger Güterwagen, beladen mit Holz.
Oben: 221 114 mit einem Güterzug, gebildet aus offenen, zweiachsigen Wagen, aufgenommen in Bestwig (Foto: Schmidt).
Unten: Ganzzug, gebildet aus vierachsigen Kesselwagen.

zen. Vor allem im Bereich der Schwergüterwagen, der Auto transporter, der Großkesselwagen und Tieflader und nicht zuletzt der mit vielerlei Beschriftungen erhältlichen Kühlwagen. Zudem gibt es eine ganze Reihe ausländischer Güterwagen in teilweise kunterbunter Bemalung, so auch typische Amerikaner. Erwähnt sei auch der Niederflurwagen für den umweltschonenden LKW-Transport.

Was wäre schon ein Güterwagen ohne Ladung. Ohne die Ware, die er zu transportieren hat und die mehr oder weniger sichtbar das Bild eines Güterzuges bestimmt. Deshalb sollten wir versuchen, sofern eine Holz-, Kohle- oder Kiesladung nicht schon vorhanden ist, diese nachträglich anzubringen. Hirsekörner, im offenen Güterwagen aufgehäuft, sehen aus wie Rüben auf dem Weg zur Zuckerfabrik. Modellautos aller Art lassen sich auf einem Plattformwa-

Linke Seite oben: **Beladene Güterwagen bringen Leben auf die Anlage. Während Güterwagen meist erheblich verschmutzt sind, Kohlen hinterlassen hier eindeutig ihre Spuren, werden Reisezugwagen immer wieder gereinigt. So glänzen hier auch die Silberlinge entsprechend „frisch".**

Linke Seite unten: Mit Pinsel, Farben und anderen Utensilien bringen wir leicht Farben an die Wagen.

Oben: Mit verschiedenen Brauntönen wird dieser Güterwagen verschmutzt.

gen festbinden. Lange Balken und Bretter gehören auf einen Drehschemelwagen, und Kohle darf natürlich auch nicht fehlen. Ein Stück Verpackungsstyropor schneiden wir passend zu, bemalen es mit schwarzer Plaka-Farbe und kleben gestoßene Kohle auf. Natürlich sollte dann ein solcher Wagen nicht blütenrein aussehen.

Ernsthafte Modellbahner – sind wir doch inzwischen, oder? – patinieren und altern ihre Wagen ganz vorbildgetreu. Je nach Anspruch und Können greifen wir zu feinen Pinseln und geeigneten Farben, die wir im Modellbahnhandel finden. Humbrol- oder Revell-Farben eignen sich bestens, auch Plaka-Farben führen zum Ziel, wenn man ei-

Rechts: Während einige Wagen und die Diesellok bereits ab Werk mit Betriebsspuren versehen sind, mußten die anderen Kesselwagen ebenfalls dezent gealtert werden.

nen Tropfen Pril dazugibt. Wichtig ist, grundsätzlich matte Farben zu wählen. Wo wir im einzelnen farbliche Altersspuren anbringen, zeigt uns die Realität auf dem Bahnhofsgelände. Betrachten wir einen Ganzzug aus geschlossenen Güterwagen. Obwohl sie alle derselben Gattung entstammen, sieht jeder anders aus, ist anders verschmutzt und mehr oder weniger ausgebessert. Wer sich ein kleines Sortiment an guten Farben bereithält, ist für Alterungsvorgänge immer gerüstet. Natürlich dürfen ein paar Wagen auch im werkfrischen Look bleiben.

Ganz selten gleichen sich die Dächer von Personenwagen. Also schaffen wir auch hier Abhilfe. Von Revell gibt es kleine Spraydosen. Wenn wir sie vorsichtig anwenden, entsteht ein äußerst natürlicher Eindruck. Für gedeckte Güterwagen gilt das auch. Deren Seitenwände „glänzen" meist in verschiede-

Linke Seite oben: Donnerbüchsen. Beim Modell im Vordergrund wurde das Dach farblich nachbehandelt.

Linke Seite unten: Mit einem Farbspray wurde dieser Güterwagen gealtert.

Oben: Bei diesem EuroCity lassen sich die verschiedenen Verschmutzungen an den Wagendächern gut erkennen. Lohnenswert ist auch das Studium des Gleiskörpers und der Gestaltung des Bahnkörpers.

nen Rostbraun-Tönen. Schaffen wir ruhig ein paar ausgebesserte, andersgetönte Flächen. Heft 1/93 des MÄRKLIN-Magazins berichtete ausführlich über diese Prozeduren.

Im Vergleich zwei ältere Personenwagenmodelle, die „Donnerbüchsen". Auch daran haben wir uns versucht und gehörig Alterspatina aufgebracht. Und wenn wir gerade von Reisezugwagen reden: Ein paar Figuren im Wageninneren und wirkungsvolle Innenbeleuchtung fangen viele Blicke.

Schließlich sei noch der Fortschritt im Modellbahnwesen zu dokumentieren. Vergleichen wir zu diesem Zweck einen offenen Güterwagen mit Bremserhaus, in Spur 0 auf entsprechendem Gleis, mit einem H0-Modell jüngerer Produktion.

Rechts: Ein abschließender Vergleich dieser beiden Güterwagen zeigt die Entwicklung im Modellbau gut auf.

Bahnhöfe sind Anfangs- oder Endpunkt, gleichzeitig aber Mittelpunkt jeder Eisenbahnverbindung, ob in Wirklichkeit oder im Modell. Was der Bahn fahrende Reisende dort beobachten kann, ist aufregend und aufschlußreich zugleich. Das genaue Hinsehen, daß an wahren Eisenbahnfans oft belächelt wird, kann auch uns für die Darstellung der Eisenbahn auf unserer Anlage nicht schaden: Eindrücke von der Bahnfahrt in Form von Fotos und Notizen nach Hause mitnehmen, um das Gesehene umsetzen zu können.

Bahnhöfe verstehen

Ein Superding war in den 20er Jahren der neue Stuttgarter Hauptbahnhof. Der Bau machte seinerzeit architektonisch Furore und reizte natürlich die Modellbahnindustrie. So findet er sich auf manch einer komplett und konsequent noch im 00–Maßstab gestalteten Großanlage wieder. Ein weiteres Beispiel: Zu Zeiten König Ludwigs II. entstand das architektonische Meisterstück in Feldafing. Noch heute ist es in bestem Zustand und erzählt uns

Oben: Aus der 00-Epoche von Märklin stammt diese Anlage. Im Mittelpunkt der Stuttgarter Hauptbahnhof, den Märklin im Programm hatte.

Links: Der Bahnhof Feldafing im Modell. Auch heute kann sein Vorbild noch in bestem Erhaltungszustand besichtigt werden.

Oben: Durchgangsbahnhof an einer eingleisigen Nebenstrecke. Seitlich finden sich die Gleise für den Güterumschlag.

Unten: Güterbahnhof mit Freiladerampe, wie er in mittelgroßen Bahnhöfen zu finden ist.

von den Zeiten, da die berühmte Sissi, Kaiserin von Österreich, eifrig die Eisenbahn benützte. Unser Tip: Wer die Zubehörkataloge durchblättert, findet dort eine Menge an Bahnhofsbausätzen, vom bescheidenen Dorfbahnhof bis zum üppig ausgestalteten Großstadtempfangsgebäude. Für jedes Thema also der richtige Bahnhof.

Dazu gehören auch alle stationären Einrichtungen des Güterverkehrs: Laderampen, Lagerhäuser, Freiladegleise, Güterschuppen, Verladekräne und so weiter. Hier haben wir als Modellbahner ein weites Feld hinsichtlich der Spielmöglichkeiten, wenn wir die Abläufe des Güter- und Rangierverkehrs nachvollziehen wollen. Wenn wir dabei Güterwagen aller Art verschieben, Anschlußgleise zu verschiedenen Betrieben und Werkstätten, Lagern und Werken bedienen oder zielgerichtete neue Zugverbände zusammenstellen, fällt es uns nicht schwer, die Welt um uns ein wenig zu vergessen.

Dabei kommt uns zugute, daß MÄRKLIN Entkupplungsgleise anbietet und bei den Wa-

genverbindungen die sinnreich konstruierte Möglichkeit der Vorentkupplung eingebaut hat. So können wir den rangierten Wagen sehr genau abstellen.

Häufig sind dem Bahnhofsbereich Bahnbetriebswerke (Bw) angegliedert, mehr oder minder umfangreiche Anlagen zur Pflege von Lokomotiven. Während der Dampflokzeit fielen sie oft durch eine mächtige Drehscheibe und die dazugehörigen Lokschuppen ins Auge.

Bahnhofsformen

Das Thema „Bahnhöfe" verdient eigentlich ein eigenes Buch. Um es hier in aller Kürze anzureißen, haben wir mit den abgedruckten Zeichnungen versucht, die wichtigsten Bahnhofsarten darzustellen und zu kommentieren. Die wesentlichen Bahnhofsformen:

A – Der Kopfbahnhof. Er kann nur aus einer Richtung angefahren werden

B – Durchgangs- oder Zwischenbahnhof

C – Anschlußbahnhof. Kombination aus Kopf- und Durchgangsbahnhof

Oben: Großer Durchgangsbahnhof mit repräsentativem Empfangsgebäude und großzügig bemessenen Bahnsteigen.

Unten: Kleinstädtischer Bahnhof mit Nebengebäuden.

D – Trennungs- oder Anschlußbahnhof

E – Kreuzungsbahnhof

F – Berührungsbahnhof

Zeichnung 1: Einfacher Kopfbahnhof.

Zeichnung 2: Kopfbahnhof. Wichtig: Die Strecke zwischen den beiden Weichen muß länger sein als der längste zu erwartende Zug. Kein Wagen des Zuges darf auf einer Weiche zu stehen kommen.

Zeichnung 3: Größerer Kopfbahnhof. Hier können sich zu gleicher Zeit mehrere Züge aufhalten. Diese Größenordnung paßt zu einer Kleinstadt.

Zeichnung 4: Kopfbahnhof für eine größere Stadt. Hier sind Ein- und Umsteigemöglichkeiten für insgesamt 6 Züge gegeben. Im Weichenvorfeld lassen sich alle notwendigen Rangierarbeiten durchführen, vor allem die zum Umsetzen der Loks notwendigen Fahrten.

Zeichnung 5: Der Durchgangsbahnhof einfachster Art besteht gerade mal aus einem durchgehenden Hauptgleis und dem Gütergleis.

Zeichnung 6: In diesem Durchgangsbahnhof gibt es ein durchgehendes Hauptgleis -1-, ein Überholgleis -2- und ein Nebengleis -3-. Hier können sich Züge begegnen und überholen. Der schnellere Zug fährt über Gleis -1-.

Zeichnung 7: Durchgangsbahnhof einer zweigleisigen Hauptstrecke. Diese Anlage bietet den Vorteil, daß die Reisenden auf einem Bahnsteig in den benachbarten Zug umsteigen können. Das Abstellgleis kann zwischen den beiden Hauptgleisen liegen.

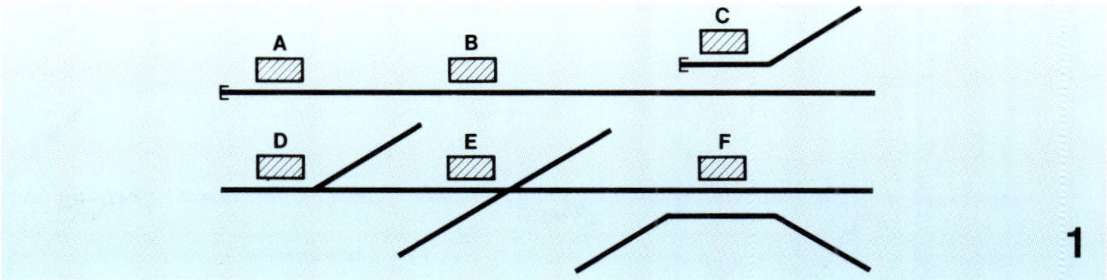

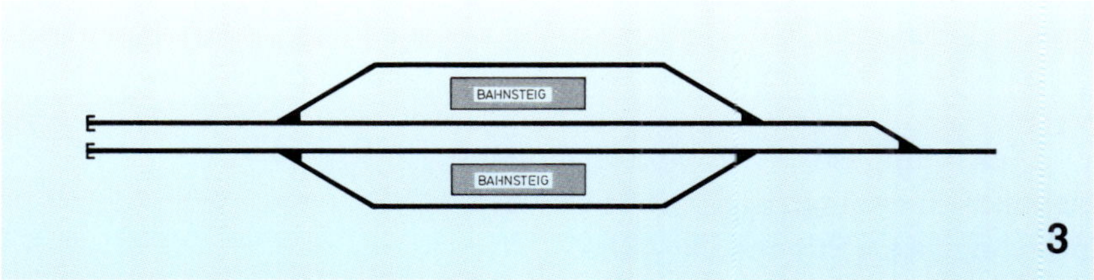

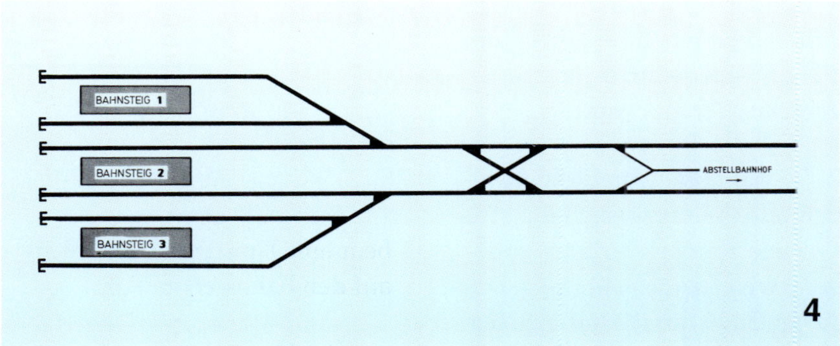

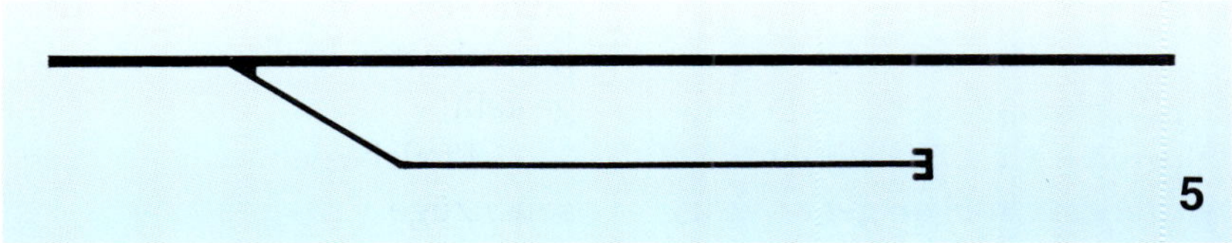

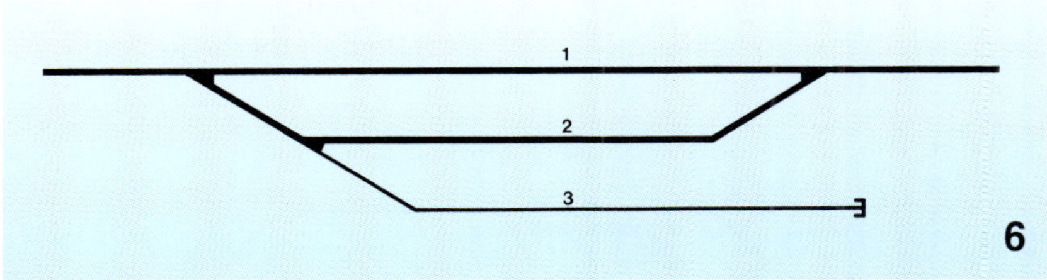

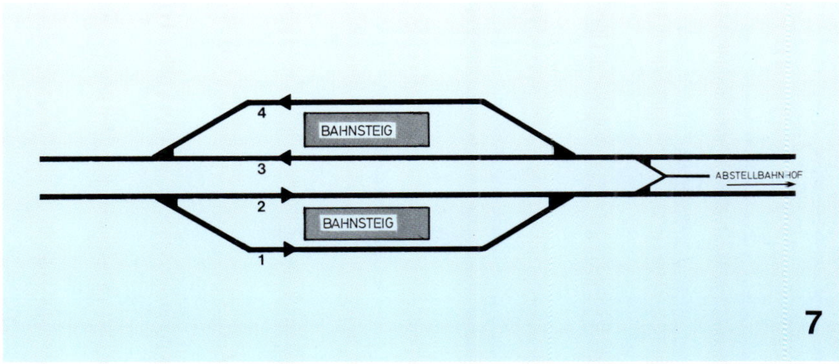

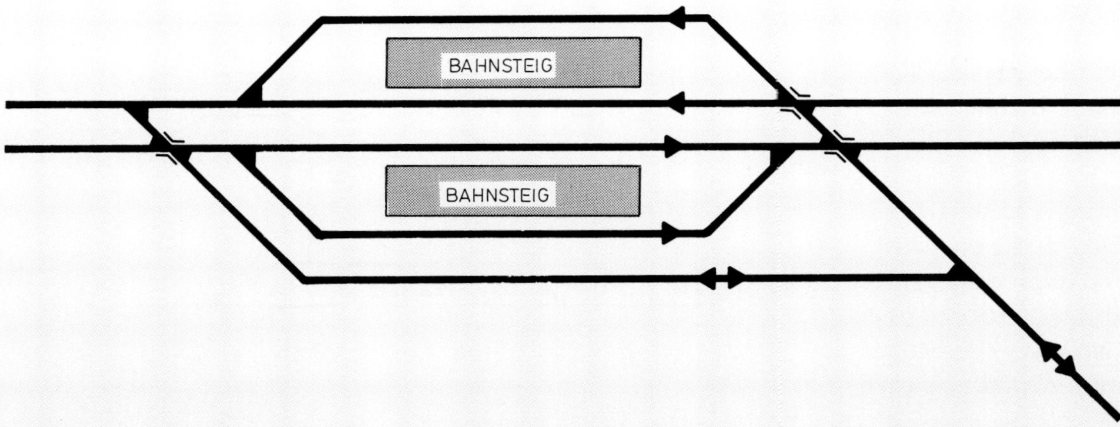

8

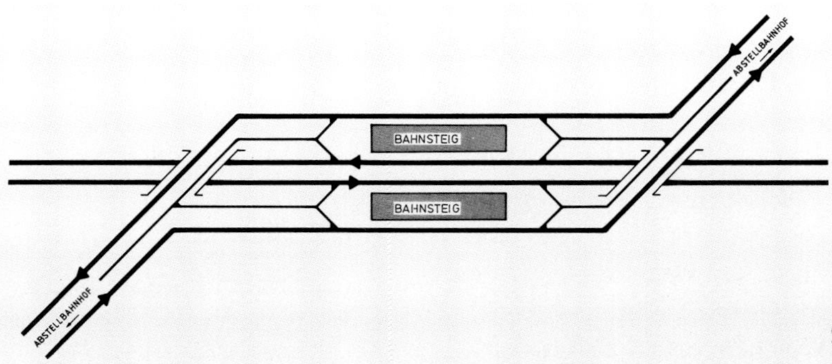

9

Zeichnung 8: Der Anschlußbahnhof einer eingleisigen an eine zweigleisige Strecke. Die Gleise sind so angelegt, daß die Züge von einer auf die andere Strecke fahren können. In ungünstigen Fällen muß die zweigleisige Strecke gekreuzt werden.

Zeichnung 9: In diesem Anschlußbahnhof zweigt eine zweigleisige Strecke von einer anderen zweigleisigen ab. Die gefährlichen Kreuzungen auf gleicher Höhe sind durch den Bau einer Brücke vermieden worden.

Zeichnung 10: Bei dem abgebildeten Kreuzungsbahnhof wurde das Problem der niveaugleichen Gleiskreuzungen ebenfalls mit Brückenbauten gelöst. Im Plan fällt uns vor allem die bequeme Umsteigemöglichkeit auf den Bahnsteigen auf.

Zeichnung 11: An dieser Stelle sei die Bedeutung der eingezeichneten Pfeilesymbole dargestellt:

1 Pfeil: bezieht sich auf Personenzüge

2 Pfeile: gilt für Güterzüge auf dem Hauptgleis

3 Pfeile: gibt die Richtung der verkehrenden Loks an. Auf Hauptgleisen verkehren fahrplanmäßige Züge. Ihre Trassen sind mit dicken Linien dargestellt. Nebengleise dienen dem Rangierverkehr und erscheinen als dünnere Linien im Plan. Der Gleisabstand beträgt im Großbetrieb von Gleismitte zu Gleismitte gemessen 3,50 m. Für das Modell im Maßstab 1:87 werden beim Metallgleis 74 mm bzw.

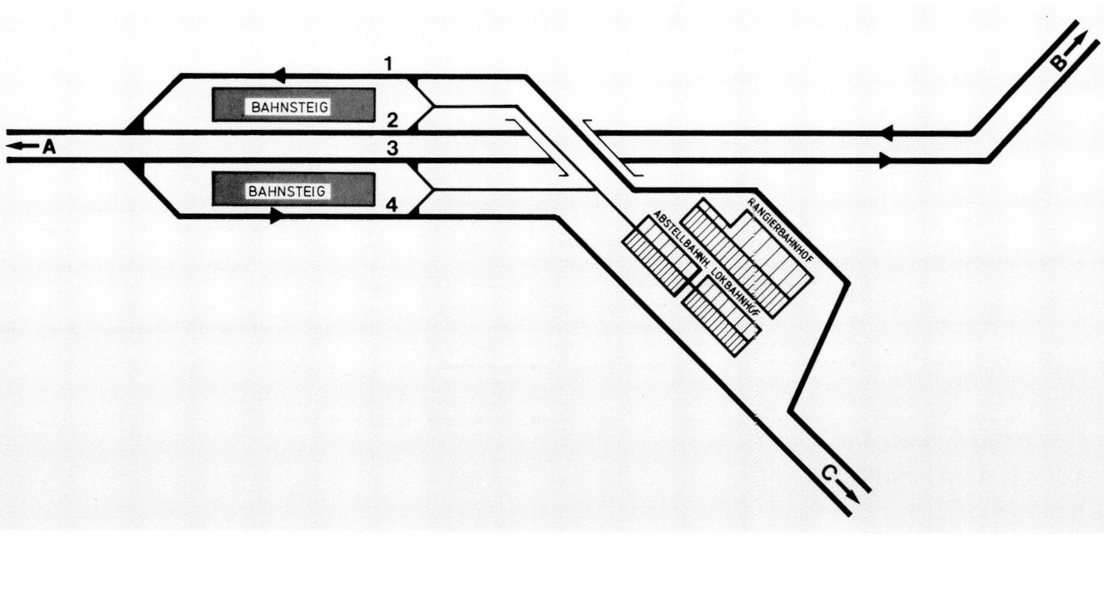

10

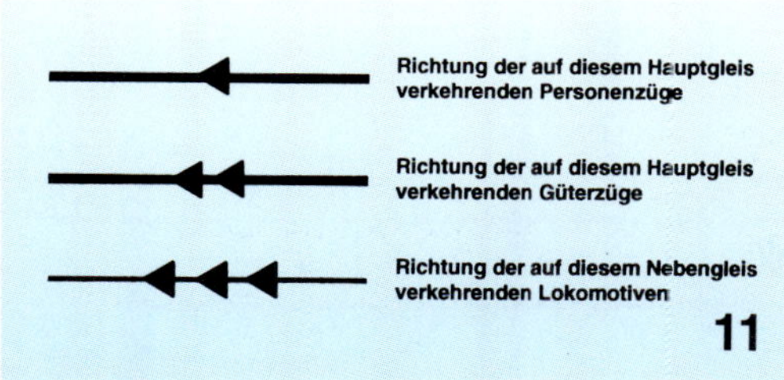

11

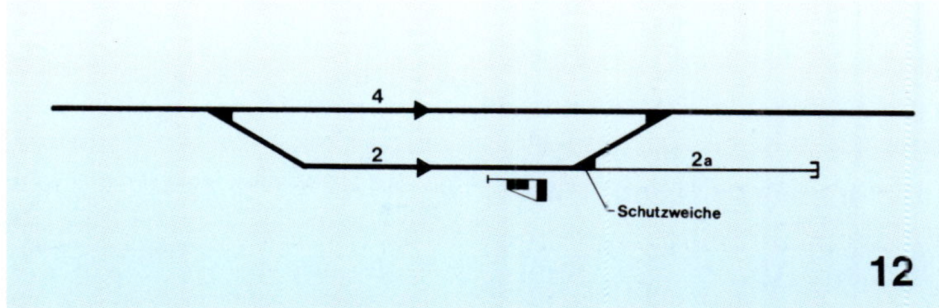

12

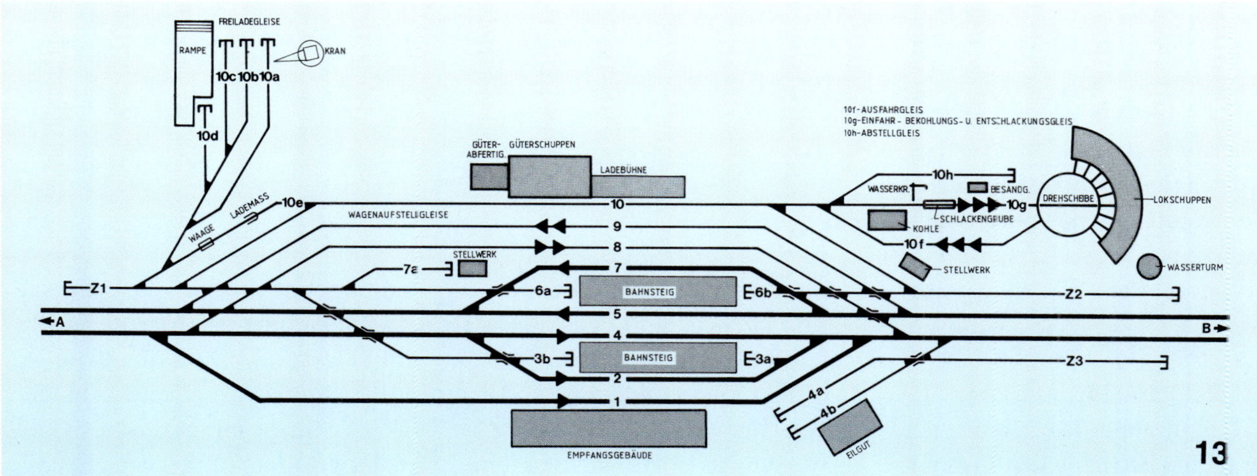

13

77,4 mm gemessen. Für K-Gleise gilt ein Abstand von 64,6 64,4/129,3/64,5 mm. Detailliertere Informationen bietet zum Beispiel der MÄRKLIN-Katalog mit seiner großen Zahl von Hinweisen auf Weichenanordnungen, Gleisradien und Gleisgeometrie. Zudem verweisen wir auf unsere Gleisplanbücher.

Zeichnung 12: Die Schutzweiche ist eine wenig bekannte Sicherheitsmaßnahme. Verständlich, – sie führt eigentlich auf ein totes Gleis, das kaum gebraucht wird und beim Fahrbetrieb anscheinend unnötig Patz wegnimmt, denn es darf nicht zum Betrieb herangezogen werden; eine Signalabsicherung ist dennoch nötig. Der Sinn von Schutzweiche und Schutzgleis liegt darin, in Notfällen fehlgeleitete Fahrzeuge auf das „tote" Gleis zu lenken.

Zeichnung 13: Das Lokomotivverkehrsgleis oder Durchlaufgleis. Die Bedeutung der Pfeile ist in Zeichnung 11 dargestellt. Wenn die Lokomotive eines bestimmten Zuges durch eine andere ersetzt werden muß, hat immer ein Schienenweg frei zu sein. Die nur auf den ersten Blick recht kompliziert erscheinende Darstellung kann gut als Anregung zu einem vereinfachten Nachbau dienen. Es macht aber schon Spaß, die komplizierten Fahrten mit dem Finger nachzuvollziehen. Man bedenke aber auch, daß der Plan in etwa um das Jahr 1970 Gültigkeit hatte. Heute würde nach rigorosem „Rückbau" der Gleise und Abriß von Gebäuden das Ganze erheblich „dünner" aussehen.

Lenken wir den Blick in der hier abgebildeten ziemlich großen Bahnhofsanlage mit Personenabfertigung, langen Bahnsteigen und Eilguthalle noch auf einige Details: Zusätzlich zu den Einrichtungen des Personenver-

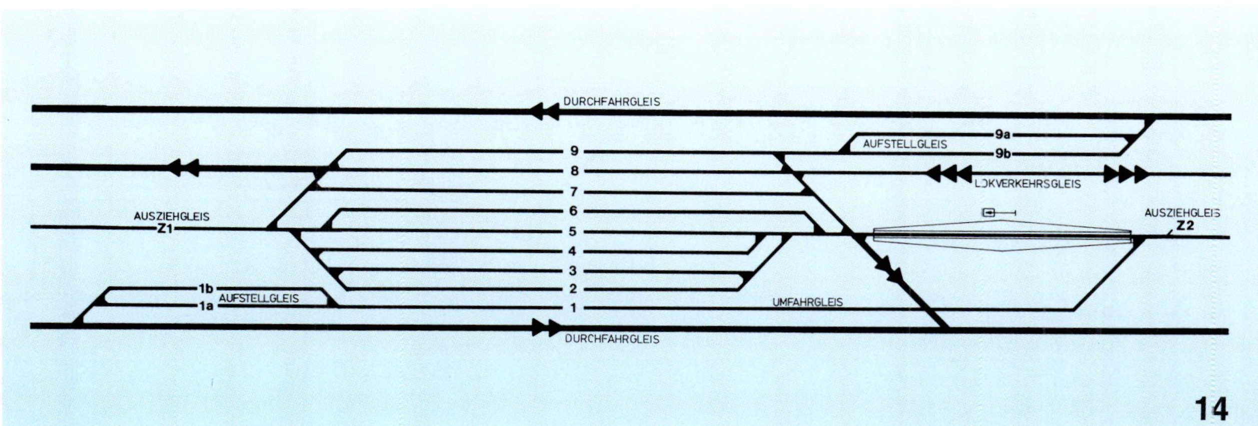

14

kehrs finden wir Stellwerksgebäude. Sie wurden stets an strategisch günstige Positionen gesetzt. Da ihre Bedeutung mit fortschreitender Technik mehr und mehr abnimmt, werden viele von ihnen im Lauf der Zeit abgerissen. Auf Wartegleisen stellen Rangierloks Reisezüge bereit, die später zum Bahnsteig gefahren werden. Auch Speise-, Schlaf- und Kurswagen warten hier auf den schnellen Wechsel. Abstellgleise sollen erreicht werden können, ohne andere Gleise kreuzen zu müssen. Hier können unter anderem Wagen gereinigt werden.

Zahl und Struktur der Gleise in Güterbahnhöfen richten sich nach den betrieblichen Vorgängen. Der Zug wird auf das Ausziehgleis gefahren. Reicht der Platz nicht aus, so muß der Zug geteilt werden. Eine bereitstehende Wagenreihe wird auf den Ablaufberg gedrückt, auf dessen Scheitel oder schon vorher entkuppelt und über zuvor geschaltete Weichenstraßen in die verschiedenen Strecken der Gleisharfe geleitet. Ein Ablaufberg gehört zu den interessantesten Spielmomenten auf einer Modellbahn. Wir müssen dabei jedoch beachten, daß die Ausrollstrecke von Güterwagen beschränkt ist und nicht jeder Wagen gleiche Rolleigenschaften besitzt. Manche Wagentypen dürfen wegen ihrer Bauweise oder ihrer Ladung überhaupt nicht über den Ablaufberg geleitet werden.

Zeichnung 14: In Wagenaufstellgleisen reihen die Rangierer die Wagen so auf, daß ihre Reihenfolge im Zugverband eine möglichst rationelle Zustellung an die einzelnen Kunden gewährleistet. An kleineren Bahnhöfen gibt es meist auch kleinere Güteranlagen. Das bedeutet oft

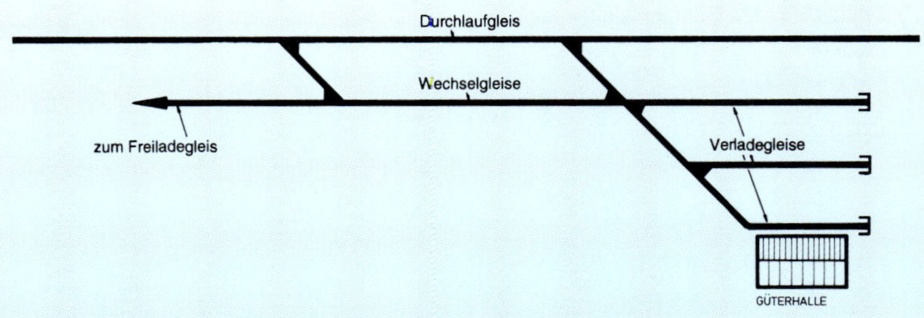

15

nur zwei oder drei Gleise. Kein platzaufwendiger Ablaufberg und nur wenig Rangiermöglichkeiten. Das läuft unter dem Begriff „Ortsgüterbahnhof". Die zu verschiebenden Güterwagen werden meist von kleinen Rangierloks „abgestoßen", das heißt, der abgekuppelte Wagen bekommt von der Lok einen wohlberechneten „Stups" und rollt in das vom Weichensteller vorbestimmte Aufstellgleis. Hemmschuhe sorgen für zielgenauen Halt. Weiterhin ist das Freiladegleis zum Be- oder Entladen von Gütern vorgesehen. Zur allgemein bekannten Seitenrampe, die auf gleicher Höhe mit der Bodenfläche der Güterwagen liegen muß, kommt häufig eine Kopframpe, über die Straßenfahrzeuge selbständig geeignete Güterwagen befahren können. Oft stehen kleine Kräne oder Bockkräne als Ladehilfen bereit. Wo ganz bestimmte Güter verladen werden, findet sich ein Lademaß, eine Einrichtung, die das Lichtraumprofil der Ladung kontrolliert.

Zeichnung 15: Eine kleine Ortsgüteranlage kann so aussehen. Meist liegen die Güterschuppen, von der Straße aus leicht anzufahren, an einem Verladegleis. Über das Wechselgleis kann, oft unter Befahrung des Durchlaufgleises, ein Güterwagen umgesetzt werden. Die ortsansässige Rangierlok bewältigt

16

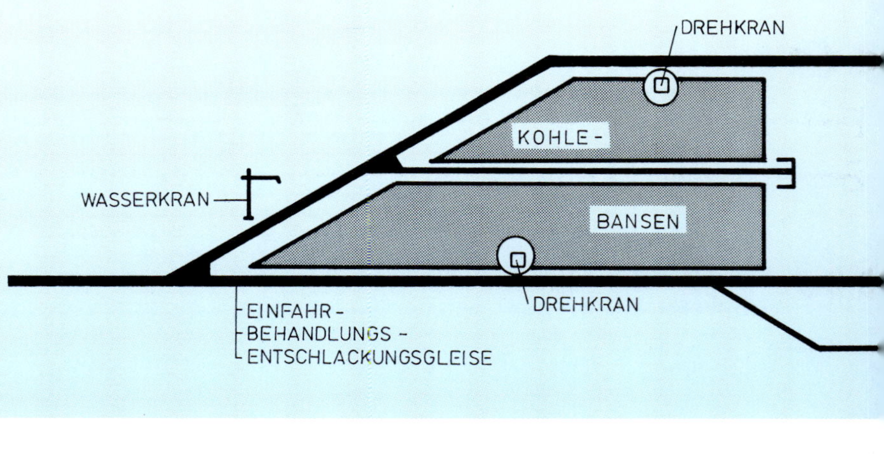

diese Fahrten leicht, genau wie den Verschub zum Freiladegleis oder zu Anschlußgleisen, auf denen Güterwagen zu Lagerhäusern, Fabriken oder auf Privatgelände gefahren werden.

Zeichnung 16: Ein beliebtes Modellbahnmotiv sind Bws. Hier können wir viele Gleise auf kleiner Fläche unterbringen, ohne daß es gezwungen wirkt, hier können wir vielen Loks reichlich Bewegung verschaffen. Betriebswerke haben allerdings seit den 70er Jahren an Zahl und Attraktivität abgenommen, da die Dampflokomotiven, die großen Pflegeaufwand erforderten, damals verschwanden.

Blick in ein Dampflok-Bw. Im Mittelpunkt liegt die Drehscheibe, die die Zufahrt zum großen Ringlokschuppen ermöglicht. Hinter der Drehscheibe steht der Wasserturm. Daneben finden sich eine Besandungsanlage, Wasserkräne und eine Kleinbekohlungsanlage.

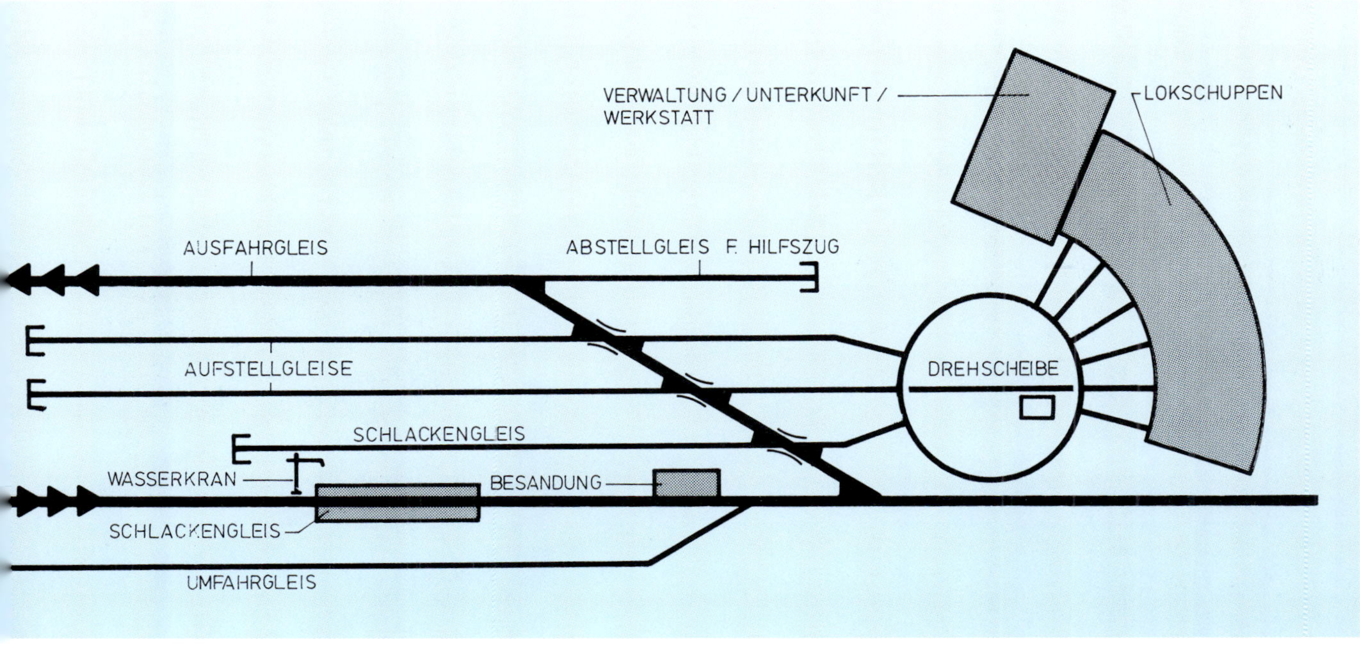

Oben: ***Blick auf einen Ringlokschuppen. 003 160 ist auf der Drehscheibe gewendet worden.***

Unten: ***Für weniger große Bws wurde oft nur ein Rechteckschuppen gebaut. Eine Drehscheibe war hier in der Regel nicht vorhanden. Schlepptenderloks mußten zum Wenden in ein Nachbar-Bw.***

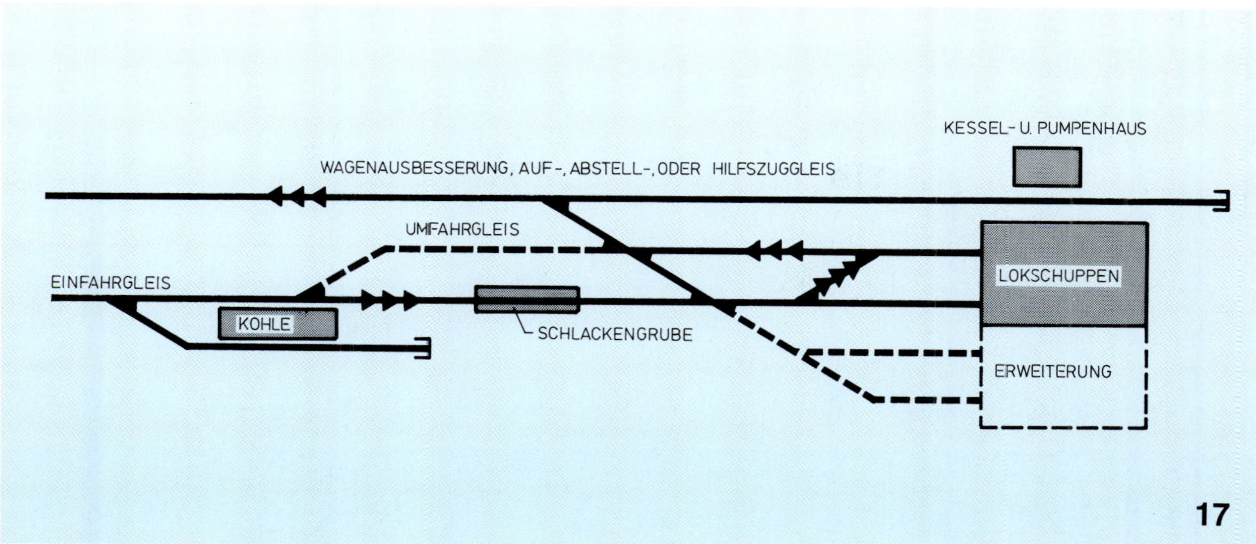

17

Ein Dampflok-Bahnbetriebswerk war immer ein Eldorado für Eisenbahnfreunde. Eine Lok, vom Einsatz zurück, hatte grundsätzlich folgende Stationen zu abzusolvieren:

1. Bekohlung. Hier wurden die Vorräte ergänzt.

2. Inspektion der wichtigsten Maschinenteile und Schmieren.

3. Wasserfassen am Kran.

4. Ausschlacken. Eine recht schmutzige Arbeit für den Heizer.

5. Besanden. Nachfüllen trockenen Sandes für die Bremsung.

6. Wenden, wenn die Lok in einer bestimmten Richtung zum Einsatz kommen soll (Drehscheibe).

7. Ruhefeuer unterhalten, damit die Maschine schnell wieder einsatzbereit ist.

Die Arbeit an der Dampflok kann nicht immer in dieser idealen Reihenfolge ablaufen. Platzsituation und andere Kriterien führen oft zu Kompromissen im Arbeitsablauf.

Uns hilft das Wissen um solche Kompromisse, denn in aller Regel haben wir keine unbegrenzten Möglichkeiten, um unserem Bw die optimale Ausdehnung zu ermöglichen. So aber können wir auch auf kleinem Raum richtigen Eisenbahnbetrieb ablaufen lassen. Zudem ist ein Bw der ideale Ausstellungsort für die Modellsammlung, denn hier können wir unsere Schätze besser als in Vitrinen vorführen.

Während ihrer Wendezeit auf den nächsten Zug ruht 85 007 im zweiständigen Lokschuppen. Unterdessen ölt der Heizer die Lok ab.

Zeichnung 17: Ein recht einfaches Bw zeigt diese Abbildung. Wir können es auch bei wenig Platz einrichten, und es eignet sich vortrefflich, die Situation eines früher regen Betriebswerkes wiederzugeben. Es ließe sich denken, daß die Schuppen bereits Elloks beherbergen und eine Dieseltankstelle Treibstoff bereitstellt. Relikte aus Dampfloktagen sind nur noch bruchstückhaft zu finden. Andererseits erfordert offenbar die fortschreitende Elektrifizierung bereits einen Erweiterungsbau.

Immer unter Draht

Heutzutage beziehen die Eisenbahnen in unseren Breiten ihre Energie meist aus dem über der Strecke gespannten Fahrdraht, in den sie in regelmäßigen Abständen eingespeist wird. Auch viele Modellbahner orientieren sich an diesem System. Einerseits können sie die Wirklichkeit möglichst echt nachahmen. Andererseits wird die Möglichkeit unabhängigen Zweizugbetriebs ohne technische Probleme, genutzt, denn die Oberleitung wird duch einen zweiten Stromkreis mit eigenem Trafo versorgt.

Einziger kleiner Wehrmutstropfen: Leider haben Oberleitungen einen gewissen Mangel, denn es ist unmöglich, den Draht maßstäblich dünn zu halten. Mangelnde mechanische

Formsignale und Oberleitung an der Rheinstrecke bei St. Goar. Die Züge können, dank des Gleiswechselbetriebes beide Richtungsgleise befahren. Unten: BR 120 mit der Märklin Oberleitung.

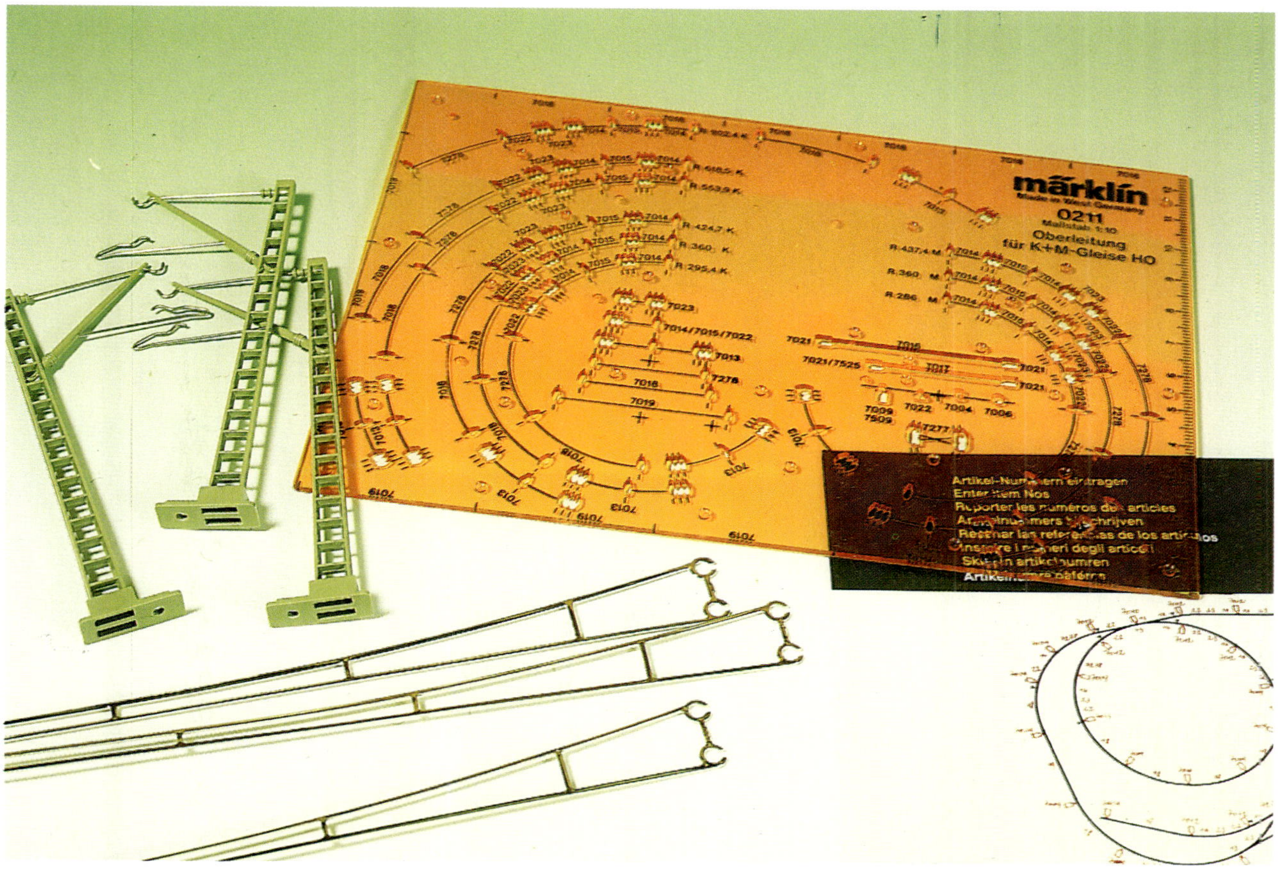

Oben: Mit der Oberleitungsschablone von Märklin können Anzahl und Position von Masten und Leitungselementen ermittelt werden.

Unten: Ganz rechts im Bild ist ein Fahrleitungsmast von Märklin, in der Mitte ein Produkt von Vollmer und ganz links ein Mast der Firma Sommerfeldt, des Oberleitungsspezialisten.

Festigkeit und die geringe mögliche Strombelastung sprechen dagegen. Ohne diesen oder jenen Kompromiß kommen wir nicht aus und bei der bereits angesprochenen Möglichkeit eines unabhängigen Mehrzugbetriebs sehen wir eher Vorteile.

Drei Oberleitungssysteme stehen dem Modellbahner zur Verfügung, auf die wir kurz eingehen wollen: Hier wäre zunächst das bewährte, aus dem Hause MÄRKLIN stammende, System. Der Fahrdraht ist sehr robust aus vernickeltem Blech gestanzt und dementsprechend auffällig. Er läßt sich ohne Mühe in die Ausleger einhängen. Die Masten sind elastisch, beim groben Berühren können sie am Fuß abbrechen. Ein Tip: Fahrdraht dunkelgrau anmalen und an der Unterseite sauber schleifen, damit eine einwandfreie Stromübertragung gesichert ist. Im MÄRKLIN -Katalog sind sehr ausführliche Anwendungsbeispiele angegeben. Mit der Oberleitungs-Zeichenschablone Nr. 0211 können wir Masten und Verspannungen korrekt montieren.

Eine mögliche Alternative bietet Vollmer an. Seit vielen Jahren stellt diese Firma komplette Oberleitungen aus 0,7mm Stahldraht her. Die Drähte können

wir leicht am Mastausleger einhängen, und den Sockel schrauben wir ohne Verbindung mit dem Gleis direkt auf der Grundplatte fest. „Zick-Zack"-Verlegung ist möglich. Sie entspricht dem Vorbild, wo sie bewirkt, daß das Schleifstück des federnden Stromabnehmers auf der ganzen Breite abgenutzt wird, ohne daß Rillen entstehen. Der Mast besteht auch hier aus elastischem Kunststoff.

Die Firma Sommerfeldt gilt als Spezialist für besonders naturgetreue und filigrane Oberleitungen. Die Masten sind aus Metall und damit praktisch unzerstörbar. Wir verbinden sie mit einem Gewindestück und einer Mutter fest mit der Grundplatte. Der dünne Fahrdraht besteht aus Kupfer. „Zick-Zack"-Verlegung ist kein Problem, wir sollten jedoch für knifflige Fälle das Löten einigermaßen beherrschen. Es gibt auch das passende Zubehör, wie Spannwerke für den

***Oben:* Der Bahnhof Glauchau ist mit einer Fahrleitung überspannt.**

***Unten:* Bei dieser Gegenlichtaufnahme erkennt man die „Zick-Zack"-Verlegung der Fahrdrähte besonders gut.**

Streckendraht, Turmmasten für den Bahnhofsbereich und alles, was wir zur korrekten Überspannung brauchen. Die Drahtdurchmesser sind an sich schon recht unauffällig, mit dunkler Farbe bemalt, sieht man die Leitungen schon bei etwas fernerer Betrachtung kaum mehr.

Kontakte mit Schranken

In den Anfangstagen der Eisenbahn hielt ein Mann mit roter Fahne den Straßenverkehr vor den „durchbrausenden" Zügen in Schach. Später kurbelten Bahnwärter, die in einem kleinen Häuschen am Bahnübergang wohnten, mit großer Pünktlichkeit die Schranken herunter, begleitet von lautem Gebimmel. Jetzt, da die meisten Bahnwärterhäuschen verschwunden oder zweckentfremdet sind, sorgt zuverlässige Elektronik vom nächstgelegenen Bahnhof aus für rechtzeitiges Schließen und Öffnen der Schlagbäume. Über- oder Unterführungen werden wohl in Zukunft die gefährlichen Schrankenübergänge ganz verschwinden lassen.

***Oben:* Die Schranken haben sich geschlossen für einen Güterzug. Zur Nachahmung empfohlen ist die Gestaltung des Umfeldes.**

***Mitte:* Bahnübergang aus dem Märklin-Sortiment. Die Schranken schließen sich durch Befahren von Kontaktgleisen.**

Auf unserer Modellbahn aber wollen wir auch einen beschrankten Bahnübergang haben. In Aktion ist er ein schöner Blickfang, wenn sich die Schrankenbäume senken und heben, wenn dazu die warnende Klingel ertönt und die Blinklichter aufleuchten. Vier Ausführungen von Bahnübergängen stehen uns

allein von MÄRKLIN zur Verfügung. Unter der Artikelnummer 7390 gibt es einen einfachen, mechanisch betätigten Übergang mit netter Wärterbude, der schon seit Jahrzehnten im Angebot ist. Die Schranken schließen sich, sobald ein Zug über das Gleis fährt und durch sein Gewicht die Schrankenbäume niedergehen läßt. Sehr vorbildgetreu ist es allerdings nicht, wenn die Schranke sich mit einem „Klack" schließt.

Übergang Nr. 7192 wird durch ein Kontaktgleis aktiviert. Die Schranken werden elektromagnetisch betätigt und sind für M-Gleise vorgesehen. Um zu vermeiden, daß die Schrankenbäume zu knapp vor dem herannahenden Zug schließen, werden spezielle Gleisstücke zwischen Kontaktgleis und Schranke angebracht.

Schranke Nr. 7292 kann mit einem Zwischenstück auch für

Linke Seite oben: Zweigleisiger Bahnübergang. Auch hier kann die realistische Szene gefallen.

Linke Seite unten: Auf unserer Demonstrationsanlage haben wir ebenfalls einen Bahnübergang von Märklin vorgesehen. Das Öffnen und Schließen der Halbschranken erfolgt hier mittels Kontaktgleise, die einige Gleislängen vor und nach dem Bahnübergang eingebaut worden sind.

Oben: Diese Vorbildaufnahme mag als Anregung für die Gestaltung von Bahnübergängen dienen.

Rechts: Dieser Bahnübergang ist nur durch Andreaskreuze und Blinklichtsignale gesichert.

zweigleisige Strecken verwendet werden. Sie besitzt moderne Halbschranken und ein funktionierendes Blinklicht. Das Modell ist für M-Gleise geeignet.

Die Schranke Nr. 7592 entspricht der vorhergehenden, paßt aber zum K-Gleis. Sie hat auch vier Warnblinklichter. Die Gleise passen in der Höhe für Gleisstücke ohne Schotterbettung. Ist eine solche vorhanden, müssen durch Unterlegen der Auffahrtsteile ebene Übergänge geschaffen werden. Die Schran-

ken werden von Kontaktgleisen ausgelöst. Andere Regelmöglichkeiten bieten sich mit dem Universalfernschalter oder dem Schutzgasrohrkontakt. Diesen kleinen unscheinbaren Kontaktgeber betätigt ein an der Lok angebrachter Dauermagnet.

Wenn wir knifflige Basteleien nicht scheuen, können wir uns auch an Schranken anderer Fabrikate wagen. Viele bieten raffinierte Technik, die beide Schrankenbäume vorbildlich langsam herunterfährt. Szenen am Bahnübergang sollten wir liebevoll ausgestalten, z.B. mit ungeduldig wartenden Automobilisten, oder am Rand eine Musikkapelle, die offenbar dem Bahnwärter ein Ständchen bringt.

Signale in Form

Signale garantieren die schon fast sprichwörtliche Sicherheit der Eisenbahn. Richtig

Linke Seite oben: Diese beiden Formsignale sichern die Ausfahrt aus einem Bahnhof.

Linke Seite unten: Einfahrsignal mit Vorsignal in der Stellung Hp 0. Die Signale stehen auf einem gemauerten Sockel, wie wir ihn ins Modell umsetzen können.

Oben: Hier wurde eine ähnliche Situation ins Modell umgesetzt.

Rechts: Die Zeichnung gibt einfache Grundstellungen an Hauptsignalen wieder.

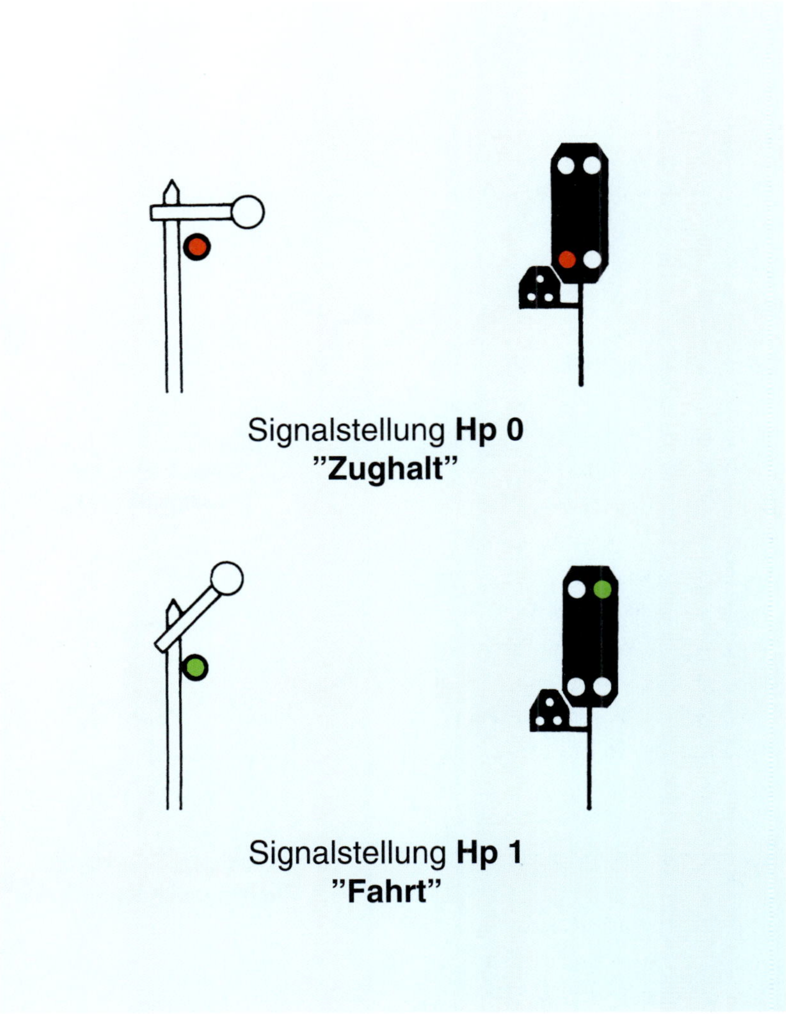

Signalstellung **Vr 0**
"Zughalt erwarten"

Signalstellung **Vr 1**
"Fahrt erwarten"

Signalstellung **Vr 2**
"Langsamfahrt erwarten"

Signalstellung **Hp 2**
"Langsamfahrt"

Signalstellung **Hp 00**
"Zughalt und Rangierverbot"

aufgestellt, bereichern Signalmodelle auch unsere Anlage nicht nur optisch, sondern erfüllen auch im Kleinen eine wichtige Aufgabe. Es gibt reichlich Regeln zum Aufstellen und zur Bedeutung von Signalen. Hier die wichtigsten: Signale stehen immer - Ausnahmen bestätigen die Regel und sind besonders gekennzeichnet - in Fahrtrichtung rechts am Gleis. Die Flügel der Formsignale müssen vom Gleis weg, also nach rechts zeigen. Sie müssen eine Position haben, die es dem Lokführer jederzeit ermöglicht, aus jedem Abstand und aus jeder Richtung die Signalstellung zu erkennen.

Die Abstände der Signale untereinander stellt unsere Skizze dar. Im MÄRKLIN-Katalog sind alle Form- und Lichtsignale abgebildet, die auch im Modell vorkommen.

Ob Tastendruck am Stellpult, ob Kontakt am Schaltgleis oder automatischer Impuls - das Signal erhält seine Befehle vom Signalantrieb. Er besteht aus zwei getrennt wirkenden Spulen, deren Eisenkern durch die Magnetisierung in die eine oder andere

Oben: Hier sieht man sehr schön den kleinen Sockel, verkleidet mit einer Kunststoffplatte, die uns hilft, die Abdeckung für den „Antrieb" zu verdecken.

Links: Blick auf das Innenleben eines Signalantriebs.

Linke Seite: Vielfältige Signalstellungen, wie wir sie beim Vorbild kennen.

Signal **Sv 0**
"Zughalt! Weiterfahrt auf Sicht"

Signal **Sv 1**
"Fahrt! Fahrt erwarten"

Signal **Sv 2**
"Fahrt! Halt erwarten"

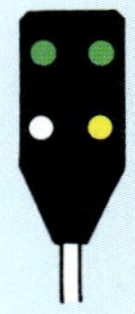

Signal **Sv 3**
"Fahrt! Langsamfahrt erwarten"

Signal **Sv 4**
"Langsamfahrt! Fahrt erwarten"

Signal **Sv 5**
"Langsamfahrt! Langsamfahrt erwarten"

Signal **Sv 6**
"Langsamfahrt! Halt erwarten"

Signalstellung **Sh 0**
"Halt! Fahrverbot"

Signalstellung **Sh 1**
"Fahrverbot aufgehoben"

Oben: Signalparade mit Märklin-Artikeln. Rechte Seite: Verschiedene Signalstellungen

Richtung bewegt wird. Formsignale sollten wir in die Grundplatte einsenken. Unter einen Ausschnitt in der Platte, der den Grundmaßen entspricht, setzen wir ein Brettchen, das wiederum Basis für den Antrieb ist. Wenn wir Lichtsignale einsetzen, schrauben wir den Antrieb, verbunden mit dem Mast durch die Anschlußdrähte, an der Plattenunterseite fest.

Auch an der Strecke sollten wir Formsignale etwa in Schienenhöhe montieren. Den Antriebskasten umbauen wir mit etwas Sperrholz und verkleiden alles mit einer Kunststoffmauerplatte. Achtung: Da jetzt die Masseverbindung vom Signal zum Gleis fehlt, müssen wir eine Drahtbrücke einbauen, sonst funktioniert die Beleuchtung nicht.

Die Vielfalt an bekannten Signalen ist groß. Noch größer ist die Auswahl an den weniger bekannten Ausführungen. Das große Signalbuch der Deutschen Bahn ist ein unerschöpflicher Ratgeber für Leute, die sich zu Signalspezialisten weiterbilden wollen. Verschiedene Firmen bieten unter anderem das unscheinbare „Warte-W", beleuchtet oder ohne Birnchen. Es gibt einer Rangierabteilung oder deren Lok freie Fahrt, ohne daß das zugehörige Hauptsignal „grün" zeigt. Die Firma Brawa fertigt seit langem die „stummen" Signaltafeln in reichlicher Auswahl. Die meisten Signaltafeln klebt man an einsteckbare Stahlstifte, mit einem Plastikteil als Zwischenträger.

Umfangreich kann eine Signalparade, mit allem, was MÄRKLIN zu bieten hat, sein. Im Programm finden sich auch Signale der großen Baugröße I (Spur 1) und die Winzlinge der Z-Spur. Übertreiben sollte man bei der Signalausstattung keineswegs. Reduzierung auf das Wesentliche bereichert jede Anlage, vor allem dann, wenn wir die Möglichkeiten zur Zugbeeinflussung sinnvoll nutzen. Die Signale soll man zwar sehen, aber eine unnötige Ansammlung ohne Vorbildbezug wäre von Übel, und die amtlich vorgeschriebenen Abstände vom Vorbild bei der Modelleisenbahn einzuhalten, ist sowieso illusorisch.

Bahn-Planer stehen vor schweren Aufgaben, wenn sie ihre Trassen durch hügeliges oder gar gebirgiges Gelände führen sollen. Auf dem flachen Land, wie in Norddeutschland oder den großen Stromtälern, genügt es häufig, die Strecke auf Dämmen oder in kleinen Einschnitten zu verlegen. Sind die Geländeformationen jedoch sehr verschieden, muß sich eine Bahnstrecke danach richten, denn die Natur war zuerst da. Eine Ausnahme bildet hier die Hochgeschwindigkeitstrasse, bei der Gebirge geradlinig durchschnitten und Täler oft in großen

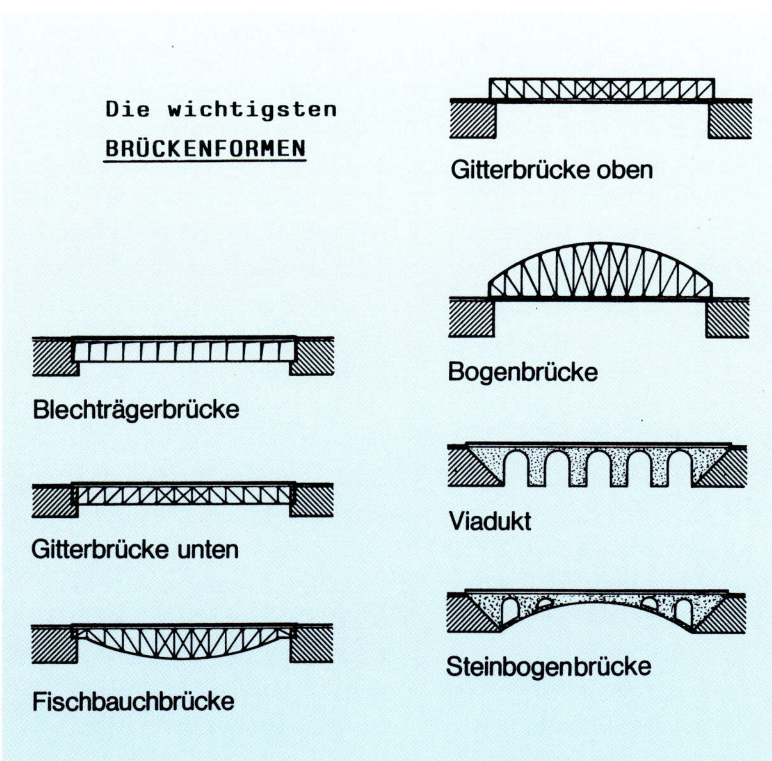

Oben: Brücken sollten sich stets harmonisch in die Landschaft einfügen und auch im Modell ihre Notwendigkeit unterstreichen.

Links: Verschiedene Formen von Brücken.

Rechte Seite oben: Mit Merkur-Platten wurde diese Bogenbrücke gestaltet.

Rechte Seite unten: Eine der kühnsten Brücken im Alpenraum ist die Angertalbrücke auf der Tauernbahn.

UHU

***Oben:* Atemberaubend überspannt die Trisannabrücke eine Schlucht auf der berühmten Arlbergbahn.**

***Unten:* Diese Gitterbrücke von Brawa wurde in geduldiger Kleinarbeit geklebt.**

Höhen überquert werden. Diese großräumig angelegten ICE-Trassen können wir auf kleinem Raum kaum überzeugend nachgestalten. Unser Interesse gilt vielmehr den überschaubaren Objekten.

Mit Brücken verschiedener Konstruktionsprinzipien überwinden wir Täler und überqueren Flüsse und Seen. Gebirgsstöcke durchbohren wir mit Tunnels. MÄRKLIN bietet verschiedene Brückenformen an, die dem Vorbild entsprechen und äußerst stabil sind: Eine große Bogenbrücke, die über zwei Gleislängen geht, eine Gitterbrücke und diverse Rampenstücke, gebogen und gerade. Mit dem zugehörigen Pfeilersortiment können wir millimetergenau die richtige Höhenlage schaffen. Tunnels, zumindest die Portale, bekommen wir bei jedem Zubehörhersteller. Brücken sollen sich der Landschaft anpassen. Sie sollen nur so groß sein

Oben: Vielfältig ist das Brückenangebot von Märklin. Mit Pfeilern und verschiedenen Brückenformen arbeitet sich gut.
Unten: Diese Brückenszene wurde ebenfalls aus Märklin-Elementen zusammengefügt.

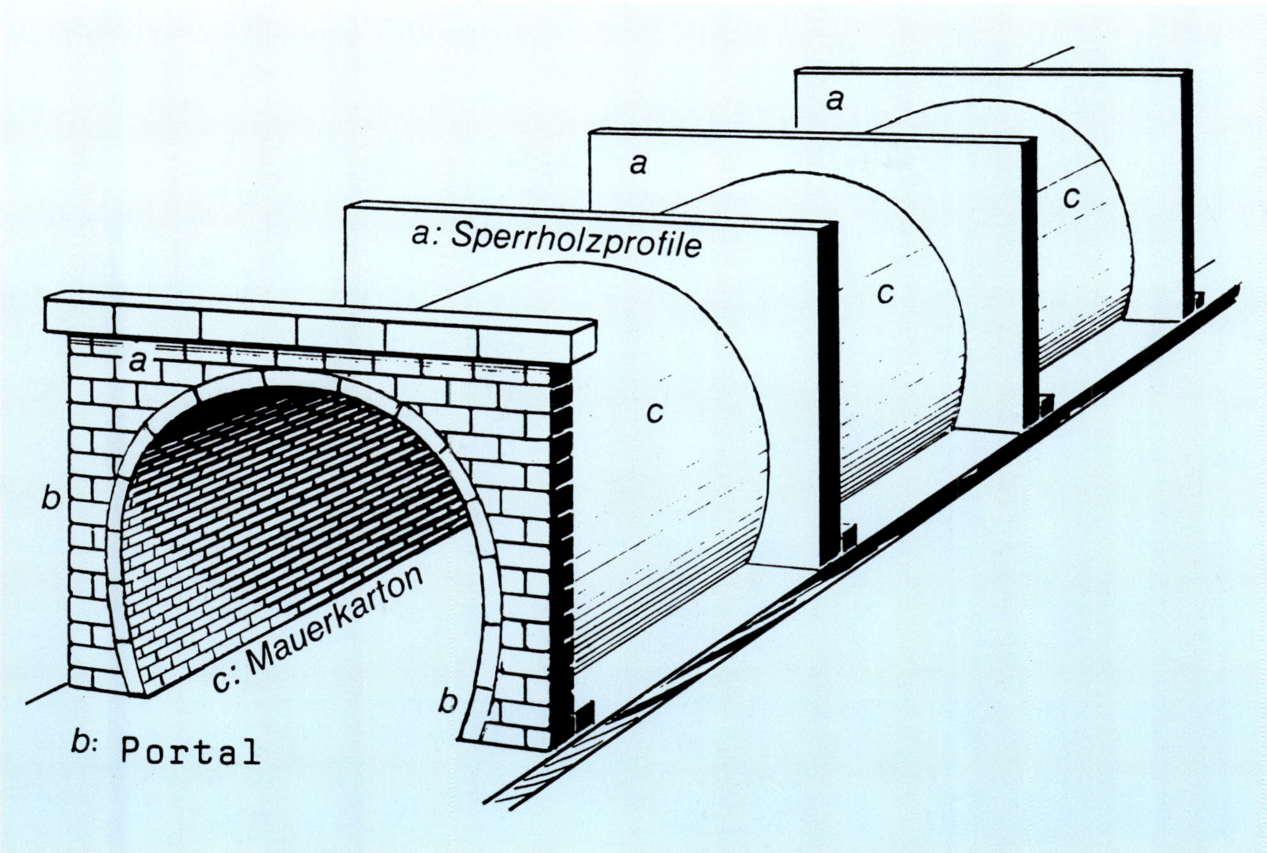

wie unbedingt nötig. Das landschaftliche Umfeld muß es einleuchtend erscheinen lassen, daß es ohne Brücke oder Viadukt nicht möglich gewesen wäre, das Gelände zu überwinden. Das gilt auch für Tunnels: Es muß sichtbar werden, daß es keine andere Möglichkeit gab als den, beim Vorbild mitunter kostspieligen, Durchstich.

Form und Konstruktionsprinzipien von Brücken sind ebenso vielfältig wie die Verwendung eines bestimmten Materials, zum Beispiel bei Steinbrükken. Stammt das Material aus einem nahegelegenen Steinbruch, so paßt die Brücke auch in die Landschaft. Gemauerte Bogenbrücken können übrigens recht einfach im Eigenbau mit Merkur-Mauerplatten realisiert werden. Oft entsteht beispielsweise aus Tunnelportal und hohem Viadukt eine bauliche Einheit. Wir sollten förmlich spüren, wie tragkräftig die Mauern sind, und an

An ein Tunnelportal schließt sich eine Röhre an. Die Zeichnung erläutert die Aufstellung der aus Sperrholz gefertigten Joche.
Unten: So ähnlich sieht dann unsere Tunnelbaustelle im Rohbau aus.

Linke Seite: An die aus Kunststoffplatten gefertigte Bogenbrücke schließt sich ein Tunnel an.

Oben: Zwischen zwei Tunnels liegt diese kurze, gemauerte Brücke, die die Gasteiner Ache kühn überspannt.

Linke Seite: Hochalpinen Charakter hat diese Märklin-Anlage. Auch hier schließt sich unmittelbar an die Tunnelöffnung eine gemauerte Brücke an.

Rechts unten: Die links gezeigte Anlage im Rohbau. Deutlich ist zu sehen, daß man ohne Tunnel und Brücke hier keine Eisenbahnlinie erbauen kann.

Linke Seite: Einer der schönsten gemauerten Viadukte im gesamten Alpenraum findet sich auf der Südrampe der Tauernbahn. Der Waldmanngrabenviadukt, den eben eine 1043 der ÖBB mit einem Regionalzug überquert.

Oben: Realistische farbliche Gestaltung zeichnet diese Szene aus. Tunnelportal und Brücke bilden eine glaubwürdige Einheit.

der Patina sehen wir dann, daß es sich um ein älteres Bauwerk handelt.

Die Flächen der Grundkonstruktion fertigen wir aus 10mm-Sperrholz. Später werden sie mit den bekannten Merkur-Mauerplatten verkleidet. Wir erkennen deutlich, daß in der Regel das Portal keineswegs alleine steht. Eine Röhre muß zumindest im sichtbaren Bereich auch bei einem Modelltunnel vorhanden sein. Dazu eignet sich Mauerkarton von Faller. Mit ihm bauen wir die Röhre so weit nach innen, wie die Betrachter in den Tunnel gucken können. Die gezeigte Zeichnung verdeutlicht dies: Auf die Grundplatte werden mit kleinen Klötzchen Sperrholzjoche geschraubt und verleimt. Diese Joche haben genau die Maße des Portals, also legen wir es auf einen Sperrholzrest und ziehen die Konturen nach. In der benötigten Menge sägen wir nun die Joche aus. Mauerkarton leimen wir am besten mit Uhu-Greenit an, natürlich die Struktur nach innen und unter Einbeziehung des Portals. Das alles geht an geraden Strecken sehr gut, muß jedoch die Tunnelröhre in einer Kurve gebaut werden, brauchen wir schon einiges Geschick. Wenn der Tunnel im Rohbau steht, sollten wir mit dem längsten verfügbaren Wagen schiebend prüfen, ob er auch nirgends aneckt.

Es gibt viele Paradebeispiele für realistische Gestaltung. Es muß, wie gesagt, einfach recht deutlich werden, warum die Eisenbahnstrecke in den Berg hinein verläuft: Sie mußte! Es gab keine andere Möglichkeit. Wer denkt bei den gezeigten Vorbild- und Modellaufnahmen noch an den Kauf eines dieser unsäglichen Aufstell-„Tunnel-Berge"? Wohl kaum jemand. Wir können es selbst mit ein bißchen Aufwand viel schöner machen!

Wir bauen eine Modellbahn

In diesem Kapitel führen wir Ihnen den Bau einer MÄRKLIN-Anlage von der Planung über den Bau bis hin zum puren Spielvergnügen vor. Mit vielen Tips und Tricks zum Landschaftsbau.

• PLANEN

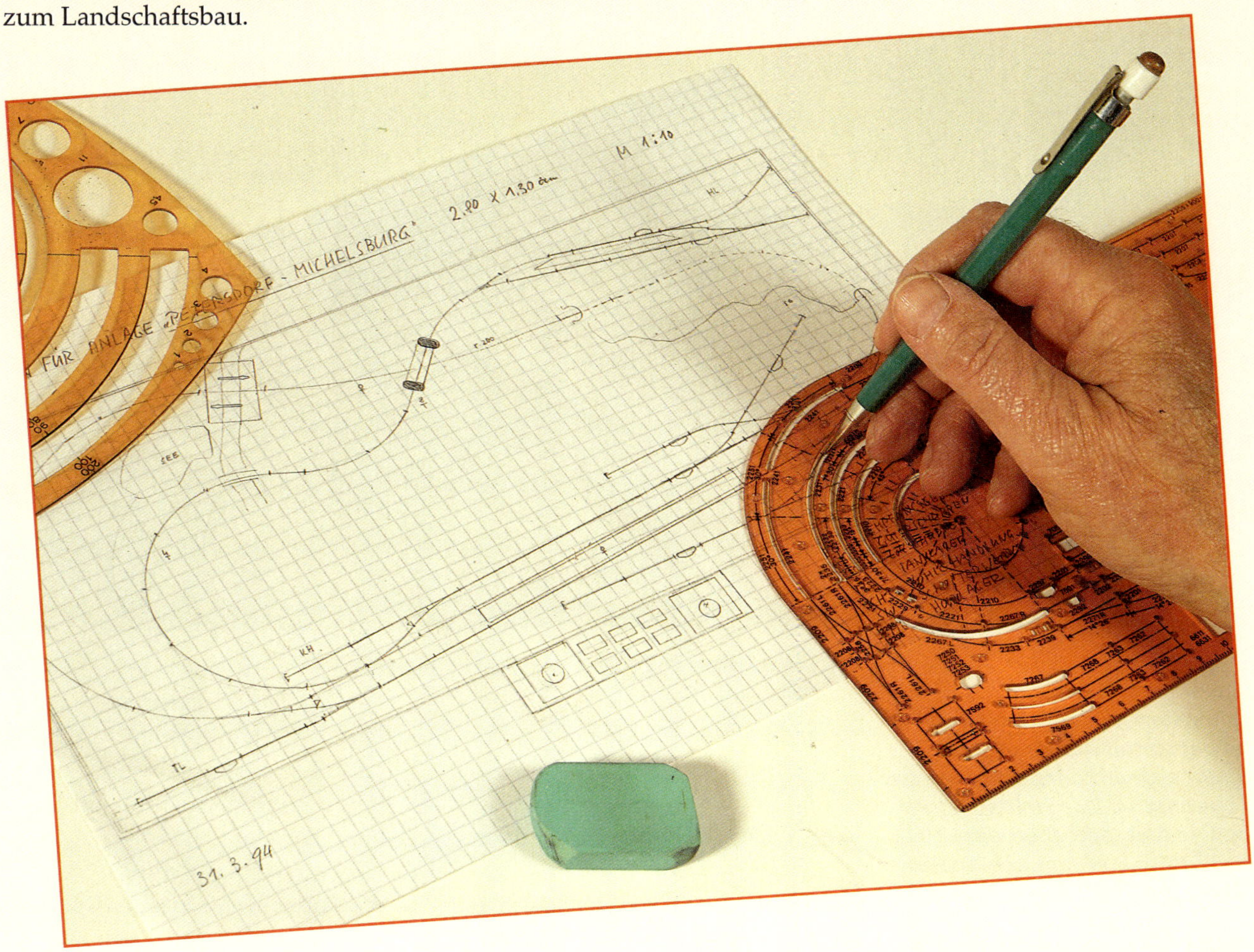

• BAUEN

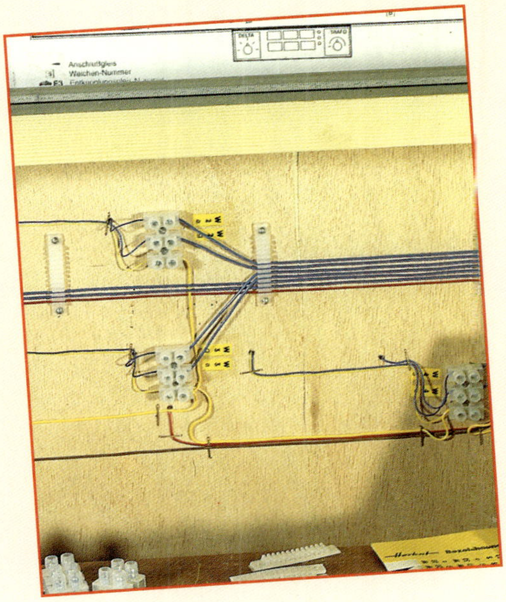

• **BAUEN**

• **BAUEN**

• **SPIELEN**

Epochedenken

Also mal ganz offen: Das Hobby, mit dem wir uns hier befassen, heißt Modellbahn, weil es die Wirklichkeit abbilden soll. Daher sollten wir es auf unserer Anlage nicht allzu bunt treiben. Wenn der supermoderne ICE in einen Dorfhaltepunkt aus der Jahrhundertwende einkurvt, wirkt das ziemlich lächerlich, etwa wie ein Kesselwagen zwischen eleganten EuroCity-Wagen. Im Verlauf unseres Projekts werden wir noch oft zu Zugeständnissen an die Phantasie gezwungen, daher sollten wir nicht gleich an unnötigen Stellen damit anfangen.

Wir sollten uns für die Nachbildung eines begrenzten Abschnitts der Eisenbahngeschichte entscheiden – eine Epoche also. So schwer ist das nicht, da es die Eisenbahn ja „erst" seit 160 Jahren gibt. Das Angebot auf dem Modellbahnmarkt, bei rollendem Material wie beim Zubehör, ist so reichhaltig, daß sich fast jede Epoche detailliert darstellen läßt.

Die Profis unter den Modellbahnern haben das Problem

Oben: Die bunten Länderbahnlokomotiven, hier eine Lok der Württ. Staatsbahn mit Güterzug. Unten: Reichsbahnzeit. Die ersten Gebirgselloks E 94 sind in Dienst gestellt, Dampfloks bestimmen den Bahnbetrieb.

schon weitgehend für uns gelöst, indem sie nämlich auf der nach oben offenen Epoche-Skala bisher fünf Abschnitte eingeteilt haben. Während Epoche 1 und 2 eher Romantiker ansprechen, kommt Epoche 3 dem Wunsch nach Vielfalt entgegen, und Epoche 4 entspricht schon fast der Moderne. Den aktuellen Zustand der Deutschen Bahn AG (und auch die letzten Jahre der Deutschen Bundesbahn sowie der Deutschen Reichsbahn) zeigt natürlich die Epoche 5 mit den roten Loks an der Zugspitze und dem neuen DB-Logo als stilistischem i-Tüpfelchen.

Im einzelnen sind die Epochen so definiert:

Epoche 1: Die Zeit vom Ende des 19. Jahrhunderts bis zum Ende des Ersten Weltkriegs. Es war die hohe Zeit der vielfältigen und farbenfrohen Länderbahnen, als noch jeder Staat seine eigenen Lokomotiven, Wagen und sonstigen Einrichtungen schuf. Heute noch künden – oftmals recht protzige – Empfangspaläste von einer offenbar wohlhabenden Zeit.

Epoche 2: Reichsbahnzeit. Die 20er und 30er Jahre waren die eigentliche Blütezeit der Dampflokomotiven. Tüchtige Ingenieure zwangen den schwarzen Ungetümen immer größere Leistungen auf. Es zeichneten sich bereits Bestrebungen nach Elektrifizierung ab, und das Reisen wurde schneller und bequemer. Selbst ein Schnellfahrnetz war in Ansätzen zu erkennen. Die Anschaffung hervorragender Dampflokmodelle aus dieser Zeit kann sich kaum ein Fan verkneifen.

Epoche 3: Die Fünfziger Jahre der Nachkriegszeit. Aus diesen Jahren des neuen wirtschaftlichen Aufbruchs war die Dampflokomotive noch längst nicht wegzudenken. Ihre Blütezeit ging aber langsam zu Ende. Immer mehr Maschinen endeten auf dem Schrottplatz. Heute wären manche heiß begehrt, und tatsächlich gibt es begeisterte Liebhaber, die mit persönlichem Einsatz schrottreife Dampfloks instandsetzen und mit Museumsbahnen Tausende von Eisenbahnfreunden begeistern. 1975 gewöhnte sich die Bundesbahn zunächst endgültig das Rauchen ab und erließ eine tota-

Die Epoche 3 besticht durch ihre Vielfalt an Dampf- und Diesellokomotiven. Auf vielen Strecken wurden die unwirtschaftlichen Dampflokomotiven nach und nach durch die robusten V100 ersetzt (oben).

In den Bahnbetriebswerken gab es ein friedliches Nebeneinander der beiden Traktionsarten.

le Fahrsperre für die Dampfrösser. Eisenbahnfreunde protestierten nachhaltig und hartnäckig, was schließlich Angang der 90er Jahre zum langsamen Aufweichen der Bestimmungen führte. Doch ein Blick auf die Bahnstrecken zeigte unmißverständlich die Vorherrschaft von E-Loks und Dieselmaschinen.

Epoche 4: Fast keine Dampfloks mehr, kein Geruch von heißem Öl, von Dampf und Rauch. Nichts mehr von der Faszination einer unter gewaltiger Dampfentwicklung und kräftigen Auspuffschlägen anfahrenden großen Maschine. Nur hier und da kann man es bei einigen Bahnbetriebswerken noch erleben. Ansonsten dienen ausschließlich Strom und Diesel als Energiequellen für die Eisenbahn. Beim Fahrzeugpark kam Mitte der 70er Jahre die umfassende Umnumerierung und Neulackierung mit UIC-Nummern internationaler Norm.

Oben: Dieselloks haben die Dampflokomotiven zusammen mit immer moderner werdenden Elloks verdrängt. Ab und an darf noch eine Dampflok der Baureihe 50 den Nahgüterzug bespannen.

Epoche 5: Der ICE auf der Neubaustrecke im Fuldatal (unten).

Epoche 5: Dieser Zeitabschnitt hat gerade begonnen. Die eleganten ICE-Züge zeigen ein Bild der neuen Bahn, dessen Verwirklichung noch vor wenigen Jahren unmöglich schien. Komfort und Schnelligkeit sind gefragt, Romantik ist passé, zumindest im Großbetrieb. „Plandampf" erinnert an die alte Zeit.

Planvoller Beginn

Am Anfang stand der Plan. Oder doch nicht? Bevor es ans Planen ging, mußten wir uns erst einmal entscheiden, was wir hier vorstellen wollten (Siehe Kapitel Idee und Planung). Welche Landschaft? Welche Gleisanordnung? Nicht zu groß, damit wir

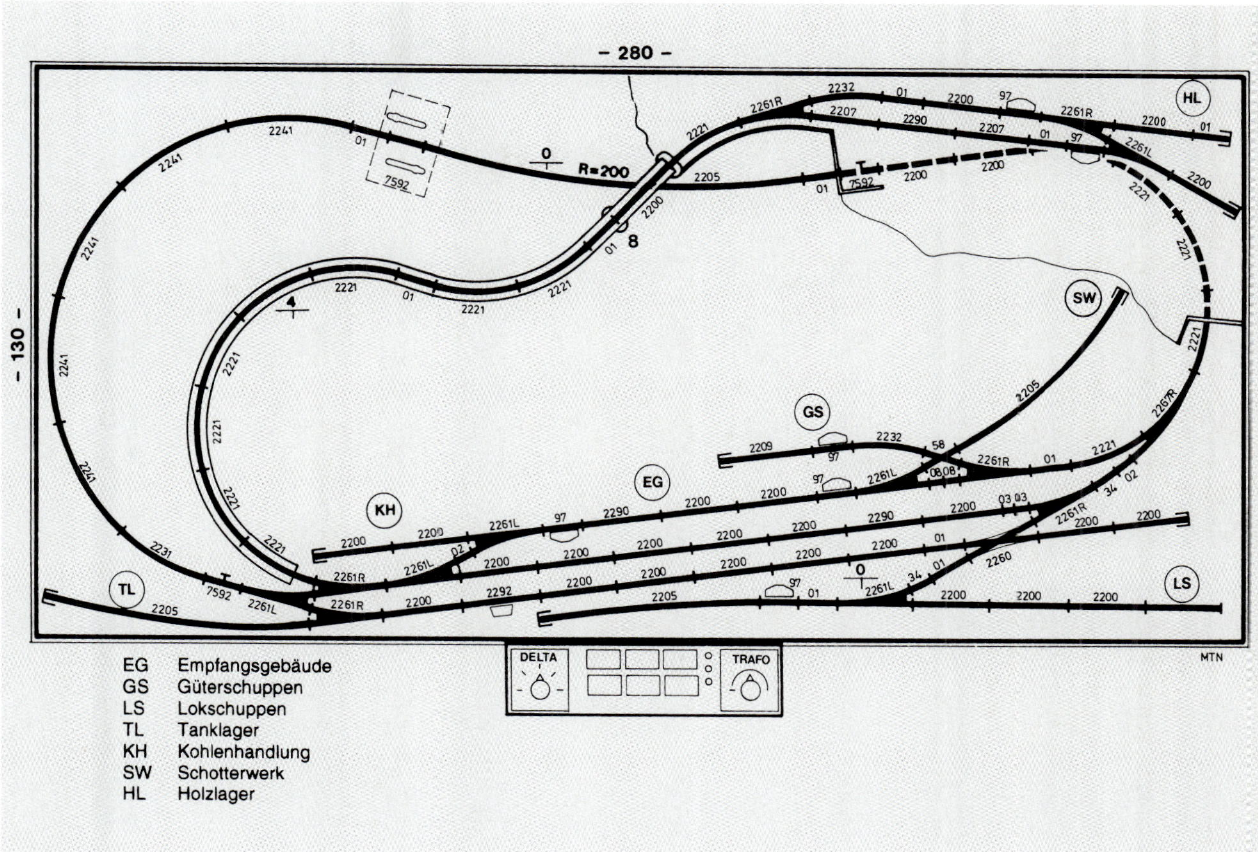

niemanden abschrecken; nicht zu klein, damit wir die wichtigsten Arbeiten demonstrieren können. Nicht zu aufwendig, um erst mal die Kosten im Rahmen zu halten; nicht zu umständlich, damit auch ungeübte Bastler Mut behalten.

Die Hauptsache aber war das spielerische Moment. Nachwuchs-Lokführern sollte der Plan ebenso gerecht werden wie Erwachsenen, die über Bau und Spiel mit der kleinen Bahn den Alltagsstress vergessen wollen. „Spielen" im besten Sinne sollte möglich sein, Nachvollziehen des Vorbildbetriebs, Freude am vorbeirauschenden Zug ebenso wie Spaß am Rangieren. Dazu bedarf es überlegter Gleisanordnungen. Die Phantasie anregen sollten bestimmte Anlagenmotive und deren Themen. Die richtige Eisenbahn fährt nicht im Kreis. Warum tun es aber 90 % aller Spielbahnen? Es liegt vielleicht an der rechteckigen Form von Zimmern und Tischen, in bzw. auf denen erste Spielzeugeisenbahnen errichtet wurden. Mit einem Gleisoval war die Form am besten zu nutzen; außerdem ist es einfach, mit einem Kreis anzufangen und ihn um Bahnhofs- und Gütergleise zu erweitern.

Oben: Der Gleisplan unserer Anlage mit Artikelnummern aus dem Märklin K-Sortiment.

Stilisierter Kreisverkehr auf der Modellbahn. Bereits mit einer Weiche erhöhen sich die Spielmöglichkeiten.

Das Vorbild legt dagegen eine Verbindung zwischen zwei Bahnhöfen mit zugehörigen Orten nahe. Gerade zu zweit ließe sich bei einer so orientierten Modellbahn interessanter Betrieb abwickeln. Ja, hier haben wir unseren ersten Kompromiß: Wir planen auch ein Oval, weil nur so die meisten Kriterien beim Modellbahnbau leicht erläutert werden können. Allerdings versuchen wir, mit lockerer Gleisführung und einigen op-

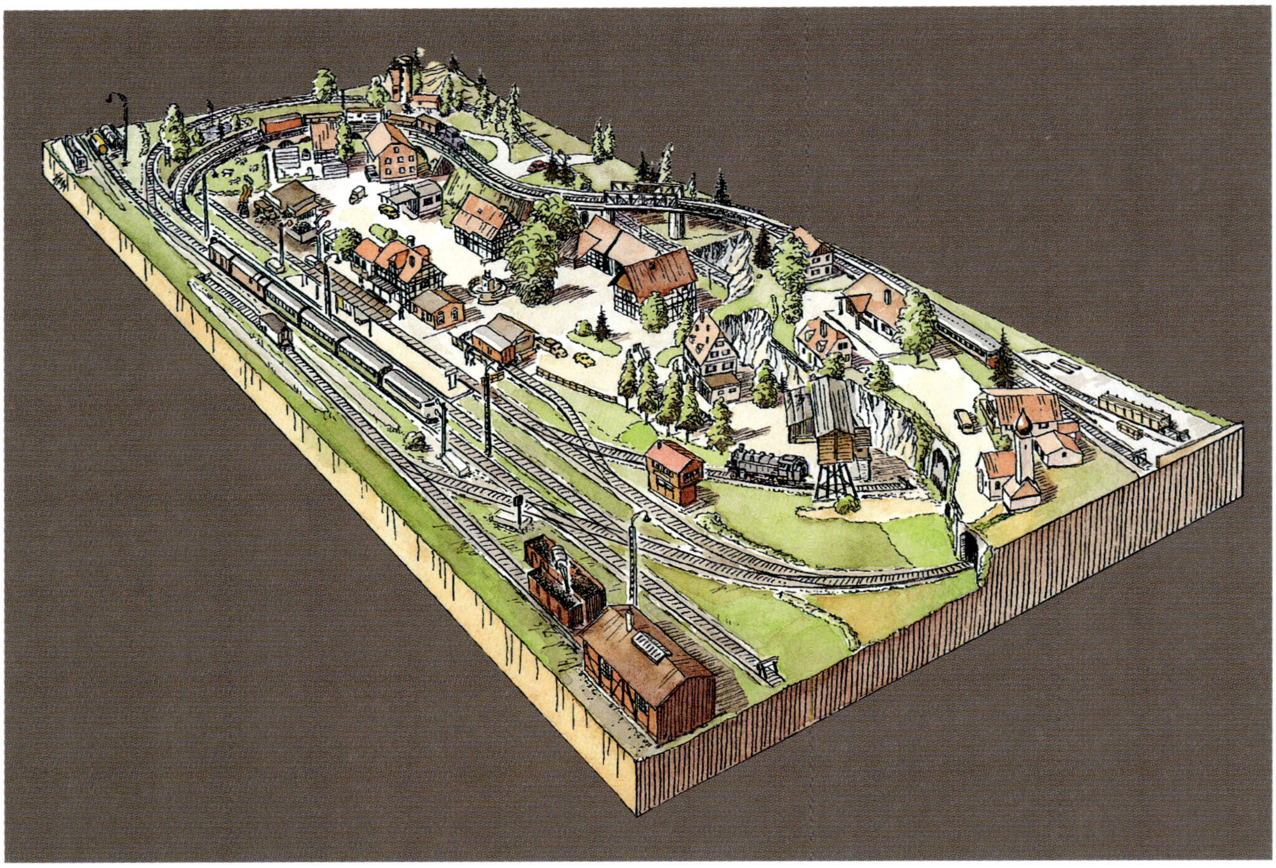

tischen Tricks den Eindruck unermüdlich kreisender Züge zu dämpfen.

Auf unserer Grundplatte gibt es eine 80 Millimeter hohe Erhebung. Weitere „Berge" sind nicht vorgesehen. So sind die Gleise leicht zu verlegen, es gibt nur eine Steigung, und viele Anlagenmotive sorgen für Spaß am Spiel. Ein bißchen Automatik ist dabei, damit der Spieler sich auch mal zurücklehnen und dem Lauf der Züge zuschauen kann. MÄRKLIN-DELTA und DIGITAL sind dabei nicht zu unterschätzende Hilfen. Die Entscheidung sollte im frühesten Planungsstadium fallen. Das gilt auch für die Wahl des Gleissystems. Metallgleise zeichnen sich durch Robustheit aus und widerstehen auch hart zugreifenden Kinderhänden. Näher am Vorbild sind K-Gleise, die mit ihren Kunststoffschwellen ein Höchstmaß an Wirklichkeit nachbilden, vor allem, wenn sie mit einem

Linke Seite oben: Anhand der colorierten Zeichnung ergibt sich ein guter Überblick über die vielfältigen Spielabläufe auf unserer Anlage.
Linke Seite unten: Während auf der eingleisigen Nebenbahn kurze Personenzüge verkehren, übernimmt ein Akkutriebwagen auf der Stichbahn den Gesamtverkehr.
Oben: Im Bahnhof können die Reisenden bequem umsteigen.

realistischen Schotterkörper unterlegt werden.

Eine erste kurze Fahrt – im Kopf

Was kann nun unsere Gleisanlage bieten? Wie läuft der Betrieb ab?

● Ein kurzer Güter- oder Personenzug oder Triebwagen steht auf Gleis 1 unseres Bahnhofs zur Abfahrt zum hochgelegenen Bergdorf bereit. Die Passagiere warten schon ungeduldig. Das Ausfahrtsignal schaltet auf Grün, und über Weiche 5, 4 und 3 setzt sich der Zug in Bewegung. Die Steigung bewältigt er mit nur wenigen Wagen mühelos.

● Nach kurzer Zeit ist das Bergdorf erreicht. Der Zug hält vor dem kleinen Empfangsgebäude, wenige Passagiere steigen aus, Fracht wird ausgeladen. Wenn es sich um einen Triebwagen handelt, steht er nun zur Talfahrt bereit, die ihm per Handzeichen vom Schaffner erlaubt wird. Haben wir die Bergfahrt mit einer Zuggarnitur bewältigt, so rückt diese zum Gleis 1 vor, wo die Lok über Gleis 2 umsetzen kann.

● Eine Zuglokomotive muß auch im Bergdorf umgesetzt werden. Das Entkupplungsgleis (E5) trennt den Zug von der Lok, die über Weiche 13 und 14 zum Nebengleis fährt und noch beim Holzlager einen langholzbeladenen Rungenwagen abholt. Dieser wird dann über Weiche 12 an das andere Zugende gekuppelt.

● Auf Gleis 1 sind weitere Rangiervorgänge denkbar. Lokwechsel über Gleis 2, Fahrt mit Selbstentladewagen zum Steinbruch, wo automatisch beladen werden kann. In komplizierter Sägefahrt gelangt ein geschobener Güterwagen zur Güterhalle, wo er wiederum über ein Entkupplungsgleis von der Lok getrennt wird, um be- oder entladen zu werden. Von Gleis 1 besteht überdies die Möglichkeit, über Weiche 7, 8, 11 auf die Strecke zu gelangen.

● Hier verschwindet der Zug für eine Weile unter der Oberfläche und verwischt den Eindruck einer Kreisfahrt. Kurz vor der Brückenunterfahrt tritt er wieder ans Tageslicht und fährt im eleganten Bogen (Radius 200) durch eine automatische Bahnschran-

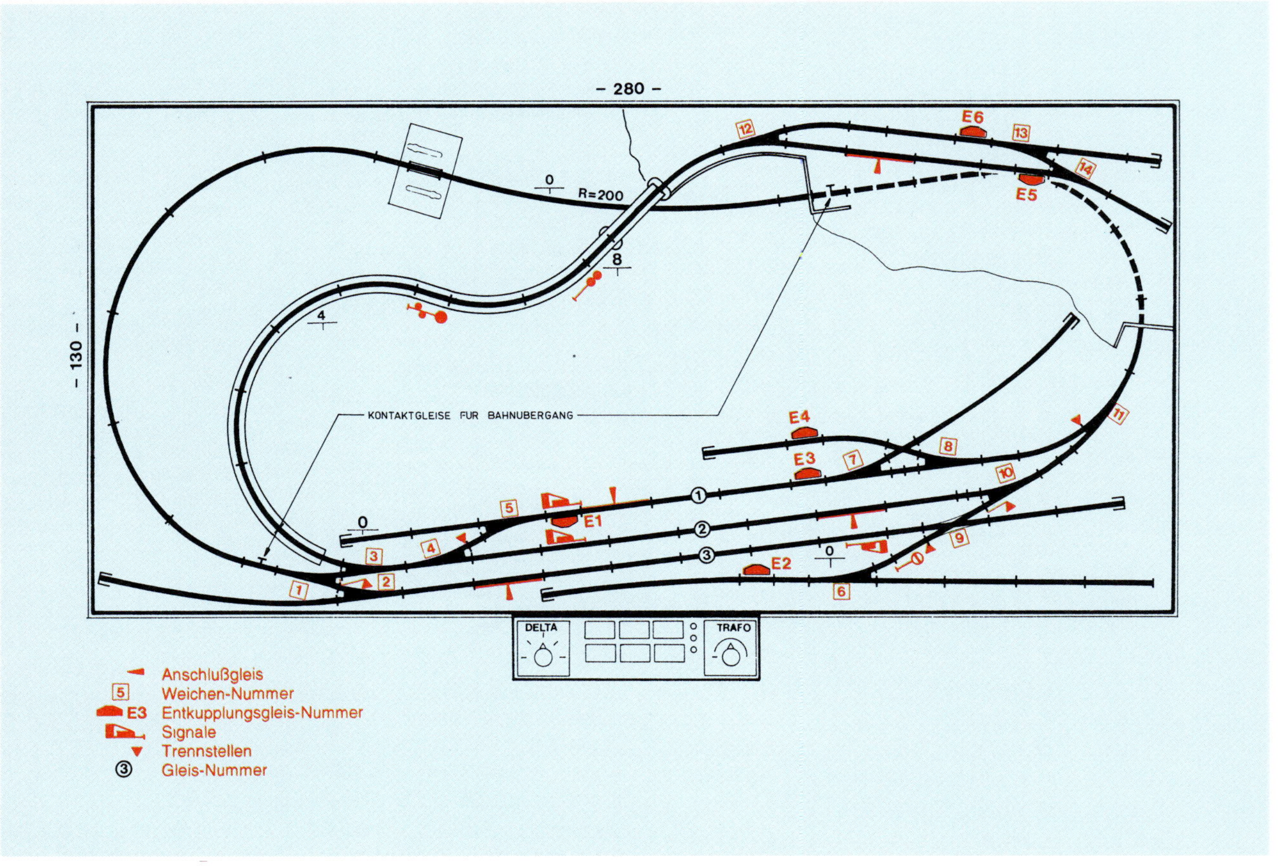

ke, deren Schließen und Öffnen durch Schutzgasrohrkontakte (SRK, Märklin Art.-Nr. 7555) bewirkt wird, die etwa vier Gleislängen vorher überfahren werden. Nun erreicht unser Zug wieder den unteren Bahnhof und fährt auf Gleis 3 ein.

● Hier kann nun eine einfache aber sinnvolle Automatik bewirken, daß ein auf Gleis 2 in der Gegenrichtung wartender Zug, ausgelöst durch ein Schaltgleis über den Signalantrieb, in entgegengesetzter Richtung losfährt, so daß im umgekehrten Sinn das Spiel von neuem beginnt. Die Signale müssen dabei so verbunden werden, daß immer der einfahrende Zug sich selbst zum Halten bringt oder umgekehrt den wartenden Zug in Bewegung setzt. Zwei Ausfahrtsignale brauchen wir dafür.

● Weitere Aktionen sind an dem Anschlußgleis zum Öllager denkbar, wo ein oder zwei Kesselwagen Treibstoff bringen können.

Um der gesamten Gleisanordnung eine gewisse Eleganz zu verleihen, die durchaus realitätsnah sein kann, wurden kurze Gleisstutzen mit einem kurzen Flexgleisstück verlegt. Das geschah auch am Steinbruch mit Schotterwerksanschluß. Eine kurze gerade Strecke führt zum Lokschuppen rechts unten, wo Kohle nachgefüllt werden muß und der Wasserkran bereitsteht. Die Nacht verbringt die bahnhofseigene kurze Lok in dem schon fast romantischen Fachwerkschuppen.

Wie nützlich ein Entkupplungsgleis sein kann, haben wir schon beim Umsetzen der Lok im Bergdorf gemerkt. Noch mehr Spiel-Effekt ruft die Vorentkupplung hervor. Dafür müssen wir die Stellen, an denen die Entkupplungsgleise liegen sollen, sorgfältig auswählen. So, wie sie hier plaziert sind, setzen sie der Rangierphantasie kaum Grenzen.

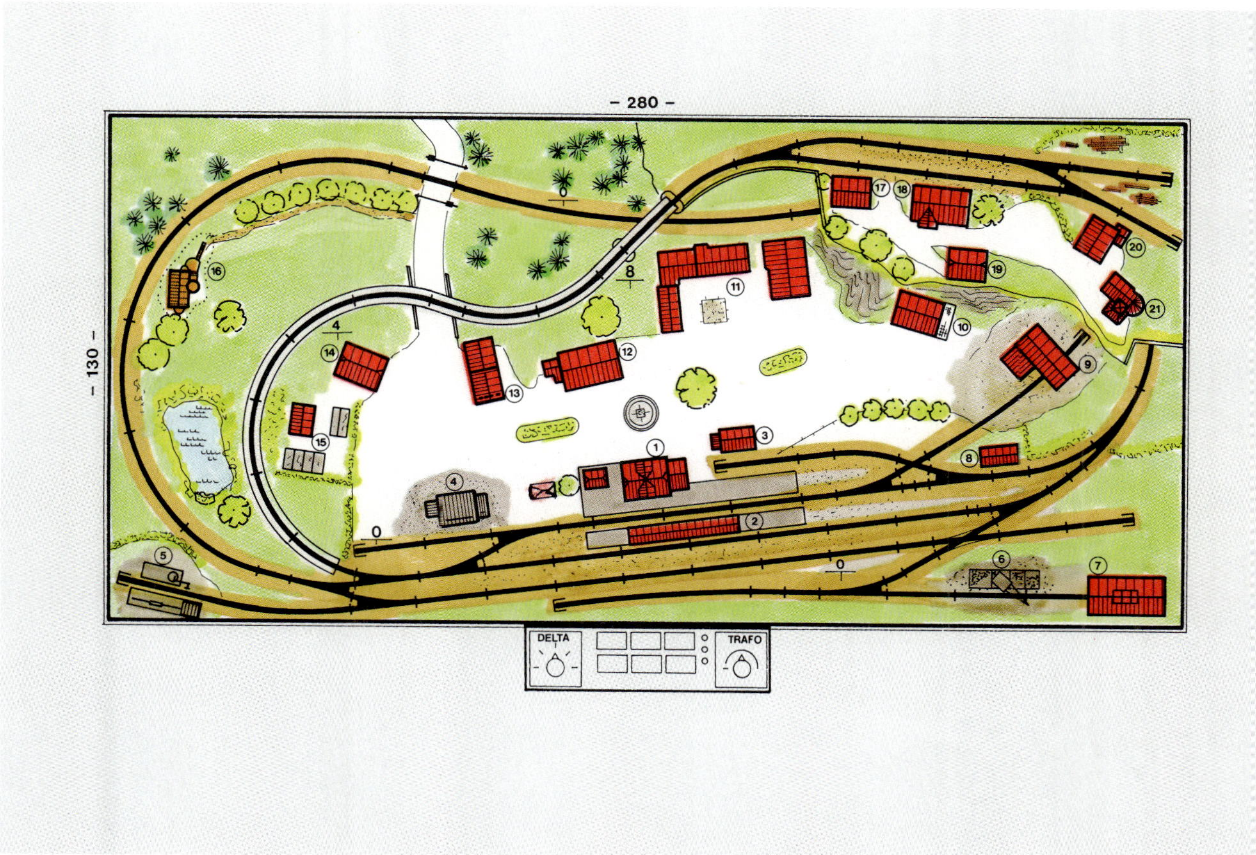

Linke Seite oben: In diesem Plan haben wir die Elektroartikel mit der Farbe rot gekennzeichnet. Ferner finden sich Erläuterungen zu den im Text angesprochenen Gleisen, Weichen und Entkupplungsgleisen.
Linke Seite unten: Die Kohlehandlung wird regelmäßig bedient und sorgt somit für Rangierfahrten.
Oben: In dieser Zeichnung sind die Gebäude mit Nummern versehen, wie sie in nebenstehender Tabelle aufgeführt sind.

Der Gang zum Händler

Liegt erst der endgültige Gleisplan vor uns, ist es leicht, die Stückliste zu erarbeiten. Sie erleichtert die Bestellung der MÄRKLIN-Artikel beim Gang zum Fachhändler. Dieser ist ein kenntnisreicher Fachmann, mit dem sich bestimmt ein Gespräch über das Projekt lohnt. Damit er dazu Zeit hat, sollten wir nicht gerade zur Hauptgeschäftszeit hereinplatzen. Es kann durchaus sein, daß er nicht alle Artikel auf

Gebäude-Positionen und Artikelnummern

1 Bahnhofsgebäude „Unterstetten“	Pola Nr. 652
2 Bahnsteig (Hohe Ausführung)	Faller Nr. 191
3 Güterschuppen (Kriml)	Pola Nr. 802
4 Kohlehandlung (Pittrich)	Pola
5 Diesel-Tanklager	Vollmer 5527
6 Bekohlungsanlage	Pola 561
7 Kleinlokschuppen	Pola 1020
8 Stellwerk Mittelstadt	Faller 120
9 Schotterwerk	Pola 159
10 Alte Hammerschmiede	Faller 266
11 Dreiseit-Bauernhof	Faller 266
12 Bauernhaus	Faller 371
13 Tankstelle Aral	Pola 159
14 Feinkostgeschäft	Faller 258
15 Kleine Gärtnerei	Faller 253
16 Schloß Lichtenstein	Faller 245
17 Einfamilienhaus	Kibri 8084
18 Bahnhofsgebäude Achenmühle	Kibri 9531
19 Feinkostgeschäft (o. Obergeschoß)	Faller 258
20 Souvenirladen Schatulle	Kibri 8036
21 Kapelle Elmau	Kibri 9764

Weitere Zubehörteile:

Auffahrtskeil (gebogen)	Kibri 9654
Auffahrt (gebogen)	Kibri 9664

Diverse ländliche Figuren auf Hof und Feld,sowie Fahrzeuge

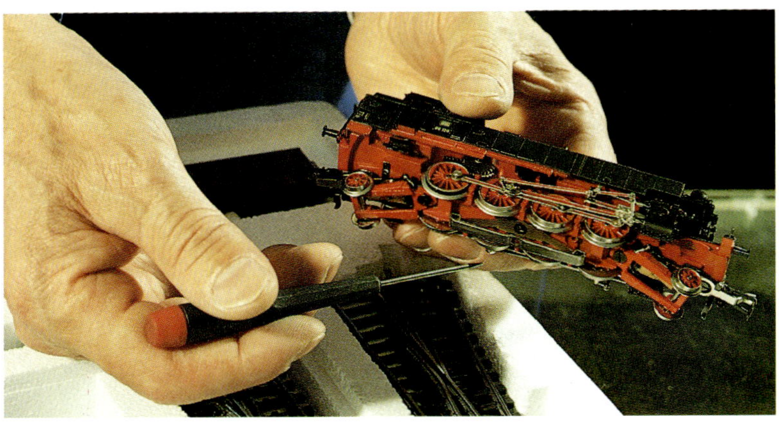

Oben: Verkaufsgespräch beim Fachhändler. Er berät Sie gerne und fachkundig in allen Fragen rund um das Märklin-System.

Links: Hier erklärt ein Fachhändler die wesentlichen Vorteile das Märklin-Skischleifers zur sicheren Stromaufnahme über die im Gleis eingelassenen Punktkontakte.

Lager hat. Deshalb kann eine rechtzeitige Bestellung nur von Vorteil sein. Und noch etwas: Wir sollten einige wenige Gleisstücke extra kaufen. Selbst der genaueste Gleisplan kann beim ersten Zusammenstecken der Gleise geringfügige Abweichungen erkennen lassen; dann ist man froh, wegen eines einzigen Stückes nicht gleich in den Laden laufen zu müssen.

Auch um Zubehör sollten wir uns früh kümmern. Hersteller und Artikelnummer stehen auf dem bunten Lageplan. Die Zeiten, da man Fertigmodelle kaufen konnte, sind längst vorbei. Keiner von uns Kunden wäre bereit, die hohen Fertigungskosten mitzutragen. Also heißt es Häuserbausätze kleben. Hier bietet sich die ideale Gelegenheit, die Familie, soweit vorhanden, ins Hobby zu integrieren. Und Spaß macht es meistens, wenn auch nach anfänglicher Skepsis, allen Beteiligten.

Natürlich ist die von uns vorgeschlagene bauliche Ausgestaltung der Anlage nicht verbindlich. Wer schon beim Anblick eines Öltanks vor Dieselgestank die Nase rümpft, der kann selbstverständlich einen anderen Industriezweig ansiedeln. Doch auch hier sollten der Phantasie wieder da Grenzen gesetzt werden, wo es deutlich unrealistisch wird: Eine moderne Bankfiliale paßt nicht ins Dampflokzeitalter; das Anschlußgleis zur modernen Spedition kann nicht mit Länderbahnwagen beschickt werden. Die Kataloge der Hersteller bieten hier vielfache Hilfestellung.

Zug um Zug – Der Fahrzeugpark

Das Angebot ist schier unübersehbar, die Wahl fällt schwer. Vom „König-Ludwig-Zug" bis zum Intercity ist alles zu haben. Es liegt an uns, Zuggarnituren zusammenzustellen, die in die zuvor gewählte Epoche passen, und keine „extremen" Fahrzeuge einzusetzen – denn die verlangen auch extreme Anlagen. Für unser Projekt sind drei DELTA-Lokomotiven der Epoche 3 genau das Richtige, denn dieses System paßt von der Kapazität her genau zur Größenordnung unserer kleinen Welt.

Elektrifizierter Betrieb ist nicht vorgesehen, was in den Anfangsjahren des Wirtschaftswunders, in denen unsere Motive angesiedelt sein sollen, durchaus vertretbar ist. Also keine Oberleitung. Das hat zwar den Nachteil, daß wir auf die moderne Baureihe 120 verzichten müssen, denn eine Elektrolok, die auf einer Anlage ohne Oberleitung mit ausgefahrenem Bügel fährt, wirkt äußerst dilettantisch. Vorteile des Verzichts auf den Fahrdraht sind einfacherer Aufbau und geringere Kosten. Mehrzugbetrieb, der mit der Oberleitung gut möglich ist, können wir ja auch so dank des DELTA-Systems veranstalten.

Oben: Mit dem Delta-System läßt sich auf einfache Weise ein Mehrzugbetrieb organisieren.

Unten: Im Bau befindliche ortsfeste Anlage.

Kantholz und Sperrholz

Der Autor hat vor Jahren eine Großanlage mit Metallwinkeln als Basis gebaut, eine Methode, die Nachahmer fand. Die weitaus meisten Modellbahnfreunde verwenden indessen nach wie vor Holz. Da erhebt sich die Frage: Welche Art Holz? Nun, für die Beine ist Fichten-Kantholz richtig. Bei der Grundfläche verführt die Kostenfrage leider zum Kauf von Spanplatten. Wir warnen davor! Diese zwar stabilen, aber auch schweren Elemente haben große Nachteile: In die Kanten können keine Schrauben eingedreht werden.

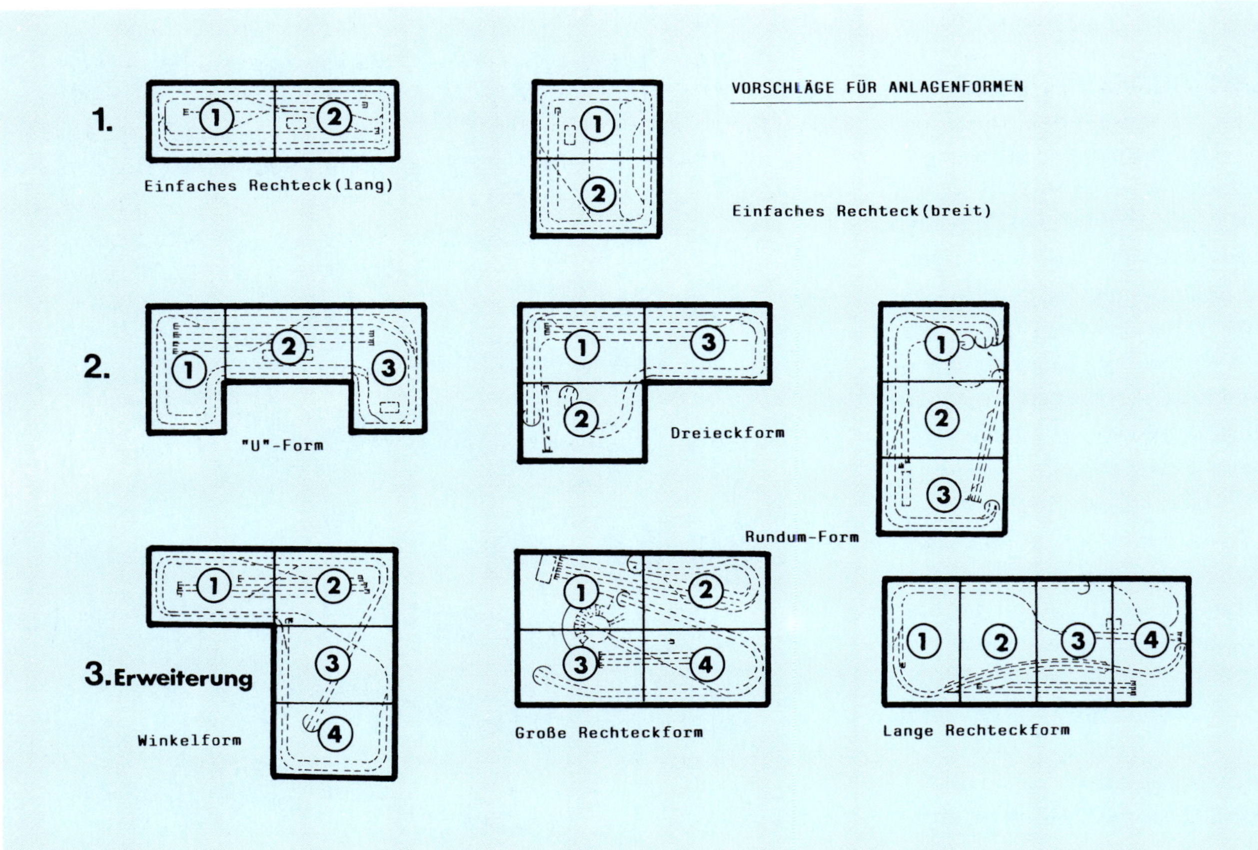

Auch bei Verbindungen mit der Plattenoberfläche bereitet die Härte des Materials Schwierigkeiten. Spätestens beim Verdrahten macht sich dies bemerkbar. Seiner Stabilität wegen ist das viel leichtere Sperrholz vorzuziehen. Bis jetzt denken wir nur an einen Aufbau mit durchgehender Grundplatte. Auch wir haben nach dieser Methode gebaut.

So liegt ein Großteil der Gleistrassen und Geländepartien in einer Ebene. Die einzige Steigung ist leicht anzubringen, und das Bergdorf wird auf einer zweiten Sperrholzplatte aufge-

Oben: Verschiedene Anlagenformen, wie sie häufig Verwendung finden können.

Rechts: In kombinierter Holz-Metallbauweise wurde für diese Großanlage der Unterbau geschaffen.

baut. Dabei dürfen Eingriffsöffnungen nicht vergessen werden, falls mal etwas im verdeckten Bereich passiert oder Störungen bei der Verdrahtung auftreten.

Soll es aber ein Gebirgsmotiv sein, mit etlichen Steigungen hier und einigen Hügeln dort, so sollte auf die offene Rahmenbauweise zurückgegriffen werden. Der Name weist schon auf die Technik hin: Auf einem soliden Holzunterbau errichtet man Leistenkonstruktionen, dem Bedarf späterer Trassen- und Geländeformen entsprechend. Auf genau berechneten Auflagepunkten finden später Sperrholzflächen Platz, auf denen Gleise, Ortschaften und Bahnhöfe sich ausdehnen können. Ein Vorteil dieser Bauweise liegt in der geringen Geräuschentwicklung.

Vielfach werden beim Unterbau mehrere Methoden verwendet. Da ist einmal das Grundgestell aus Metallwinkeln. Eine verziehungsfreie, äußerst stabile Methode, die vergleichsweise auch nicht teurer ist als eine Holzkonstruktion, aber innerhalb weniger Tage aufgebaut. Hierbei werden senkrechte Brettchen an die Winkel geschraubt, auf denen später die Gleistrasse liegt. Rechts ein Teil des Klappdeckels, der eine Einstiegsöffnung verdeckt. Die Geländeprofile bestehen, entgegen unserem Ratschlag, aus dünnen Spanplatten. Hier ist das aber zu verantworten, weil diese Profile nicht belastet werden und zudem billig sind.

Wo soll die Bahn hin?

Zur folgenden Frage sollten wir uns gleich Gedanken machen: Wo soll die Bahn hin? Daß wir lediglich einen „fliegenden Aufbau" vorsehen, scheidet aus, denn dazu bedarf es keiner Anleitung. Eine ortsfeste oder transportable Anlage braucht genügend Platz. Der Raum, in dem sie steht, darf zudem nicht feucht sein und muß genügend Bewegungsfreiheit bieten. Oft sind Arbeiten an schwer zugänglichen Stellen notwendig – und wenn dann die Arme zu kurz sind! Eine gute Lösung für kleine bis mittelgroße Anlagen sind Rollen, die an die Beine geschraubt werden. Einige besonders praktische Anlagenformen haben wir in einer Zeichnung zusammengestellt.Wer über unbeschränkten Platz verfügt, kann die nachfolgenden Empfehlungen übergehen. Solch ein Glücklicher hat dahingehend keine Probleme. Wer jedoch platzmäßig eingeschränkt ist, soll sich alle Möglichkeiten durch den Kopf gehen lassen. Oft gibt es nach dem Motto: „Raum ist in der kleinsten Hütte" überraschende Lösungen. Wir wollen auch mit unserem Beispiel keinesfalls der simplen Rechteckanlage das Wort reden. Unsere Zeichnung deutet einige mögliche Varianten an. Hier muß sich halt jeder das Passende aussuchen.

Oben: Senkrechte Brettchen wurden hier an die Winkel geschraubt. Später wird auf ihnen die Trasse liegen.

Rechts: Eine weitere Aufnahme von der praxiserprobten Mischbauweise.

Grundbedingung für den Dauerstandort einer Modellbahnanlage ist absolute Trockenheit. Sonst beginnt der Rost seine unaufhaltsame Arbeit, die Gefahr elektrischer Störungen wächst ins Unkontrollierbare, oder es verziehen sich die Holzkonstruktionen. Ist keine Alternative vorhanden, helfen Raumentfeuchter.

Während solche Probleme eher in Kellerräumen auftreten,

sind es auf dem Speicher oft die extremen Temperaturunterschiede, die dem Modellbahner das Leben schwer machen können. Das kann soweit gehen, daß die große Hitze die Schienen bei der Ausdehnung verbiegt, und das Holz zu arbeiten beginnt. Abhilfe schafft da nur eine gute Dachisolierung. In der Wohnung selbst herrschen dagegen meist ideale Temperaturbedingungen vor.

Sollte sich der Glücksfall ergeben, daß hinter dem Aufstellungsort glatte Wände vorhanden sind, so sollten wir vielleicht schon gleich zu Anfang eine Hintergrundtapete anbringen. Mehr dazu später.

Alles im rechten Licht

Der nächste Punkt betrifft die Anlagenbeleuchtung. Tageslicht ist immer die schlechteste Beleuchtung, weil es bestimmt nicht aus der optimalen Richtung kommt. Normale Zimmerlampen eignen sich ebenso wenig, da sie meist ein gerichtetes, punktförmiges Licht abge-

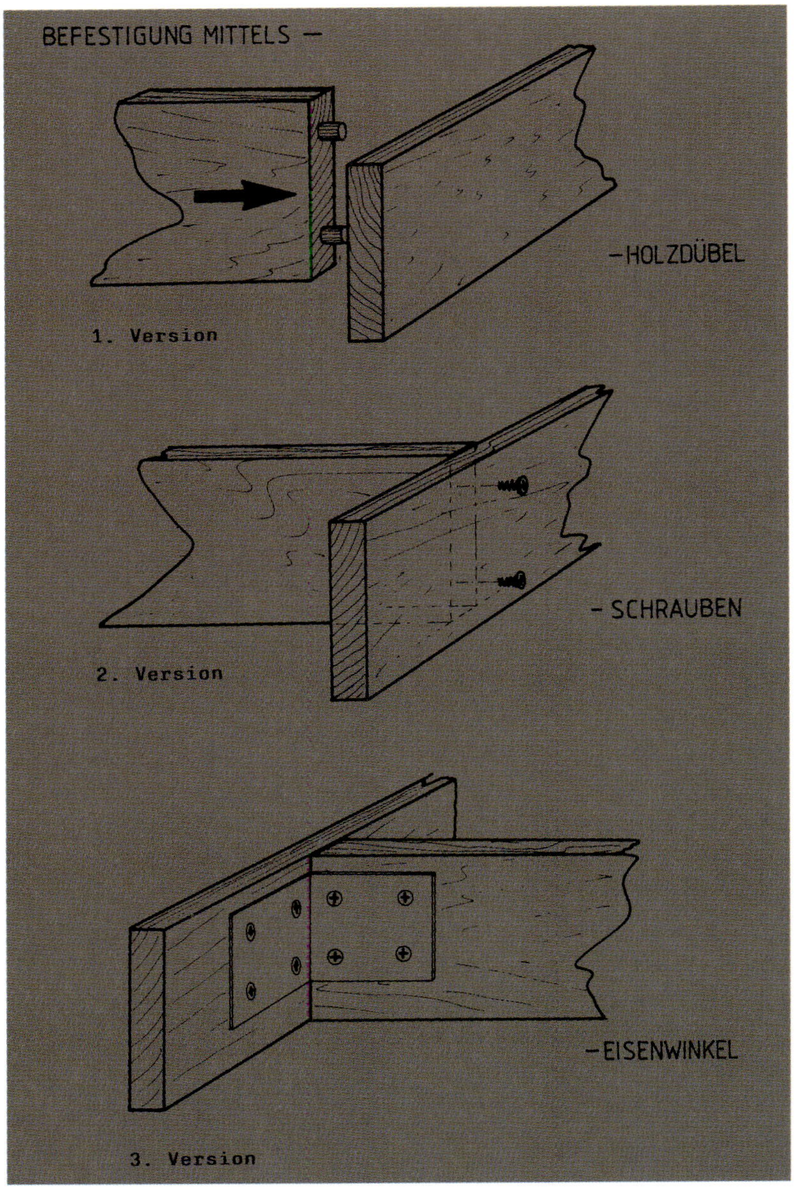

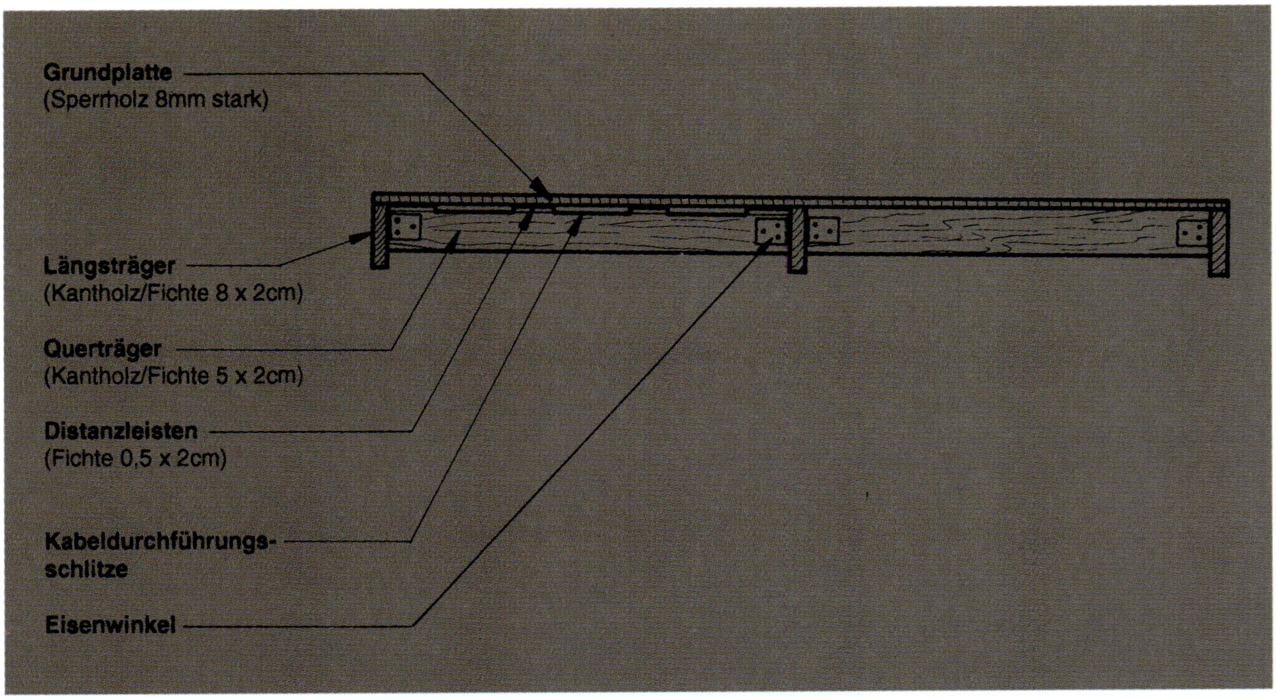

Oben: Der Rahmen wird verschraubt.

Mitte: Die Längs- und Querträger werden zusammengefügt. Dann wird das Ganze verleimt und verschraubt.

ben, das keine gleichmäßige Beleuchtung gestattet und kräftige Schatten wirft. Die modernen Halogenlämpchen vergessen wir am besten gleich wieder, denn sie lassen das Licht noch härter austreten, anstatt es gleichmäßig zu verteilen. Bleibt die Leuchtstofflampe. Richtig an der Decke angebracht, verteilt die Röhre in der Warmtonausführung ein angenehmes, fast schattenloses Licht. Da Bauarbeiten am besten gelingen, wenn eine gute Beleuchtung für den Überblick sorgt, bringen wir sie am besten schon jetzt an, vorzugsweise über der vorderen Anlagenkante. Wer stimmungsvollen Nachtbetrieb mag, montiert zusätzlich eine blau gefärbte, nicht zu helle Lampe an die Decke, am besten mit Dimmer. Sie sorgt für einen hübschen Zusatzeffekt zu Birnen und Laternen auf der Anlage.

Die Arbeit beginnt

Wir haben nun das Holz gekauft, wir haben die Beschläge besorgt und Holzleim. Alles liegt sauber zugeschnitten (das kann man heutzutage beim Händler erwarten) bereit. Wenn wir richtig gerechnet haben und der Meister keinen falschen Schnitt gemacht hat, beginnt unsere Arbeit, eine „Arbeit", die zwar Aufmerksamkeit und Sorgfalt erfordert, dennoch aber auch viel Spaß bereitet. Vor allem, wenn uns ein guter Freund bei den Holzarbeiten hilft. Halt! Fast hätten wir es vergessen: Schrauben brauchen wir ja auch. Heutzutage nimmt man Spaxschrauben, mit Kreuzschlitz und bestens geeignet für den BOSCH-Akkuschrauber. Diese Holzschrauben arbeiten sich fast wie von selbst in das weiche Holz, und das ohne Vorbohren. Wer keinen elektrischen Schrauber hat, für den gibt es natürlich auch schraubendreherähnliches Werkzeug. Die benötigten Schraubengrößen: je 30 mal 15, 20, 25, 30 und 40 mm. Abgesehen vom üblichen und in wohl jedem Bastlerhaushalt vorhandenen Werkzeug sollte eine Bohrmaschine (bis 10 mm ∅) vorhanden sein. Die Schlagbohreinrichtung überzeugt die Gattin sofort, wenn damit wichtige Arbeiten im Haus erledigt werden. Sehr nützlich ist eine elektrische Stichsäge, vor allem für Holzbastler; notfalls kann man sie von einem Freund leihen.

Auf zwei Holzböcken oder, etwas mühsamer, am Boden bauen wir die Längs- und Querträger zusammen. Genau im Winkel! Zur Versteifung kommt in die Ecken ein Vierkantholz, dann wird das Ganze verleimt und verschraubt. Wenn die Eckverbindungen fest sind, kann man jetzt die Versteifungsleisten gemäß unserer Zeichnung einsetzen. Sie werden mit Leim bestrichen und an den Verbindungsstellen mit den Eisenwinkeln verstärkt.

Es folgt eine Prozedur, die sich MÄRKLIN-DIGITAL-Fahrer sparen können. Wer aber kon-

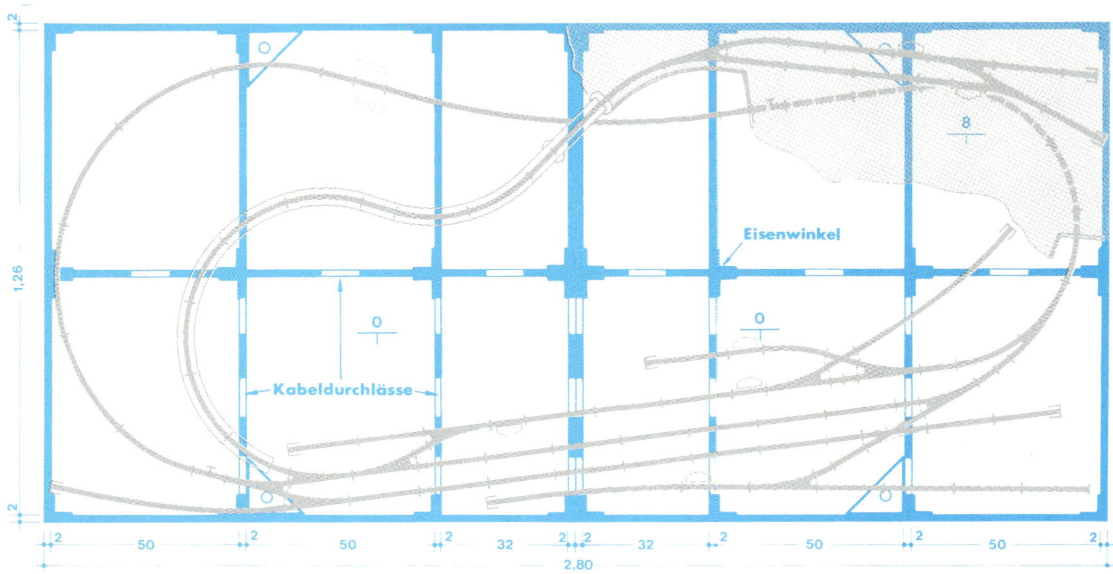

ventionell verdrahtet, sieht sich später schnell mit einer erschreckend hohen Anzahl von Kabeln konfrontiert, die gelegentlich den Durchblick erschwert. Schließlich müssen alle Leitungen zum Stellpult hin verlegt werden, und meist sind sie auch noch zu kurz. Grob gerechnet sind es auf unserer Demonstrationsanlage ca. 35 Drähte, die wohlgeordnet und im rechten Winkel verlegt sein wollen. Wie führen wir die nun vom Verbraucher zum Stellpult, wenn doch die vielen Versteifungsleisten im Weg sind? Über sie hinweg wirkt schlampig, unschön. Löcher bohren? Nun gut, aber auch die können nicht direkt unter der Platte angeordnet sein. Eine dritte Möglichkeit wäre, an den entsprechenden Stellen Vertiefungen anzubringen, die einen Schlitz zwischen Leiste und Grundplatte bilden. Es ist jedoch nicht jedermanns Sache, mit dem Stechbeitel umzugehen. Unsere vierte Methode ist, auch wenn es nicht den Anschein hat, auch vom Laien problemlos durchzuführen. Bei unserer Holzbestellung sind Leisten mit den Maßen 0,5 mal 2 cm ohne exakte Längenangabe dabei.

Diese flachen Hölzer nageln und leimen wir in Abständen von 10 cm auf die Schmalseite der Versteifungsleisten. Mühelos haben wir die Kabeldurchlässe geschaffen. Jetzt wird die Grundplatte auf Rahmen und Versteifung geschraubt. Grundplatte und Rahmen müssen sauber im Winkel verlaufen und dürfen nicht überstehen. Notfalls muß mit Feile und Schmirgelpapier etwas nachgearbeitet werden. Eine erhöhte Baufläche soll später das obere Dorf tragen. Zum dortigen verdeckten Bereich gibt es dann kein Herankommen mehr. Vorsorglich haben wir hier zwei Ausschnitte vorgesehen, die es jederzeit gestatten, bei kleinen Unfällen einzugreifen oder unerwünschte Dinge zu bergen. Die BOSCH-Stichsäge leistet dabei gute Dienste. Doch Vorsicht! Ganz ungefährlich ist die Maschine nicht. Vor allem unsere lieben Kinder sollte man beim Betrieb der Säge unbedingt fernhalten.

Der Holzbedarf

Kantholz (Fichte)	8x2 cm	2 St.	280 cm lang (Längsträger)
Kantholz (Fichte)	8x2 cm	1 St.	276 cm lang (Längsträger)
Kantholz (Fichte)	8x2 cm	2 St.	126 cm lang (Querträger)
Kantholz (Fichte)	5x2 cm	12 St.	62 cm (Versteifung)
Kantholz (Fichte)	0,5x2cm	8 St.	50 cm (Distanzholz)
Sperrholz	8 mm dick	1 St.	140x130 cm (Grundplatte)
Sperrholz	8 mm dick	1 St.	140x170 cm (Obere Platte)

Einschraubfüße mit Befestigung (4 Stück, bei Bedarf)
Eisenwinkel 40x40 mm, 24 Stück für Versteifung

Jede Menge Gleise

Unser Unterbau ist nun – ob mit oder ohne Beine – stabil genug für den Aufbau der Gleisanlagen. Es gibt verschiedene Möglichkeiten, den Bedarf an Gleismaterial zu ermitteln und aufzulisten. Eine davon ist die mittels Computerplan. Das Ziel ist eine genaue Übersicht über alle benötigten Artikel und deren Bestellnummern. Für unsere Demonstrationsanlage ergab sich der auf Seite 104 aufgelistete Bedarf, dem der eigens entwickelte Gleisplan zugrunde liegt.

Ist sämtliches Gleismaterial besorgt und bereitgelegt, kann jetzt mit dem provisorischen Auslegen begonnen werden. Dabei lassen wir das vorgesehene MERKUR-Schotterbett erst einmal beiseite. Anhand des Gleisplans und mit Hilfe eines Meterstabes ermitteln wir die genaue Lage aller Gleise.

Es kann sein, daß beim nun folgenden Ineinanderschieben der K-Gleisverbindungen Schwierigkeiten auftreten. Die Laschen weisen nur knappe Toleranzen auf, da sie für festen Kontakt sorgen und einer mechanischen Beanspruchung standhalten müssen. Damit das Zusammenstecken leichter geht, haben wir einen kleinen Trick parat: Beide Gleise werden

Oben: Hier haben wir alles nur erdenkliche Werkzeug für den Anlagenbau aufgereiht.

Unten: Flache Hölzer werden auf die Schmalseite der Versteifungsleisten genagelt. Dadurch schaffen wir uns die notwendigen Kabeldurchlässe.

***Oben:** Auf der leicht erhöhten Fläche soll ein kleines Dorf plaziert werden. Da es dann keine Möglichkeiten gibt, an den „unterirdischen" Bereich heranzukommen, schneiden wir zwei Luken ein, um auf diese Weise später von unten an die verdeckt liegenden Gleise herankommen zu können.*

***Rechts:** In den Ecken haben wir bereits Gewinde eingebaut, um später Füße einschrauben zu können, auf denen die Anlage sicher stehen kann.*

Gerades Gleisstück	Nr. 2200	28 Stück	Kreuzung	Nr. 2258	1 Stück
Gerades Gleisstück	Nr. 2201	11 Stück	Entkupplungsgleisstück	Nr. 2297	6 Stück
Gerades Gleisstück	Nr. 2202	2 Stück	Prellbock	Nr. 7391	8 Stück
Gerades Gleisstück	Nr. 2204	2 Stück	Hauptsignal	Nr. 7040	3 Stück
Gerades Gleisstück	Nr. 2207	2 Stück	Sperrsignal	Nr. 7042	1 Stück
Gerades Gleisstück	Nr. 2209	1 Stück	Gitterbrücke	Nr. 7262	1 Stück
Flexgleis	Nr. 2205	3 Stück	Geb. Rampenstück	Nr. 7569	1 Stück
Gebogenes Gleisstück	Nr. 2221	12 Stück	Unterlegplatte	Nr. 7250	3 Stück
Gebogenes Gleisstück	Nr. 2231	1 Stück	Pfeiler (30 mm)	Nr. 7253	3 Stück
Gebogenes Gleisstück	Nr. 2232	2 Stück	Pfeiler (6 mm)	Nr. 7252	10 Stück
Gebogenes Gleisstück	Nr. 2241	5 Stück	Bahnübergang	Nr. 7592	1 Stück
Weichen-Paar	Nr. 2261	6 Paar	Stellpult	Nr. 7072	6 Stück
Kreuzungsweiche	Nr. 2260	1 Stück	Schaltpult	Nr. 7210	1 Stück
Anschlußgleisstück	Nr. 2290	3 Stück	Schaltpult	Nr. 7211	1 Stück
Bogenweiche	Nr. 2267	1 Stück	Transformator	Nr. 6631	1 Stück

flach auf die Unterlage gelegt und soweit wie möglich korrekt in die Laschen geschoben. Sobald es nicht mehr weitergeht, helfen wir mit der Spitzzange nach. Dies muß selbstverständlich mit großer Vorsicht geschehen, indem die Zangenspitzen ganz dicht an den Schwellen angesetzt werden. Es genügt nun ein leichtes Zusammendrücken – und die Verbindung sitzt.

Wenn wir die Gleise nun allesamt auslegen, sollten wir darauf achten, daß weder in den Kurven noch im geraden Gleisverlauf irgendwo Ecken herausstehen. Sie würden zum einen dem Betrachter einen unschönen Anblick bescheren, zum anderen die Fahrsicherheit gefährden. Dieses Gebot gilt nicht nur auf der ebenen Strecke. Auch beim Übergang von horizontal verlaufenden Gleisen in eine Steigung oder ein Gefälle muß weich ausgerundet verlegt werden. In die Ebene kommend verfährt man ebenso. Mit entspre-

Oben: Mittels unseres Gleisplans werden die Gleise nun zunächst provisorisch ausgelegt.

Unten: Mit einer Spitzzange werden die Laschen der Gleisverbindungen vorsichtig zusammengedrückt.

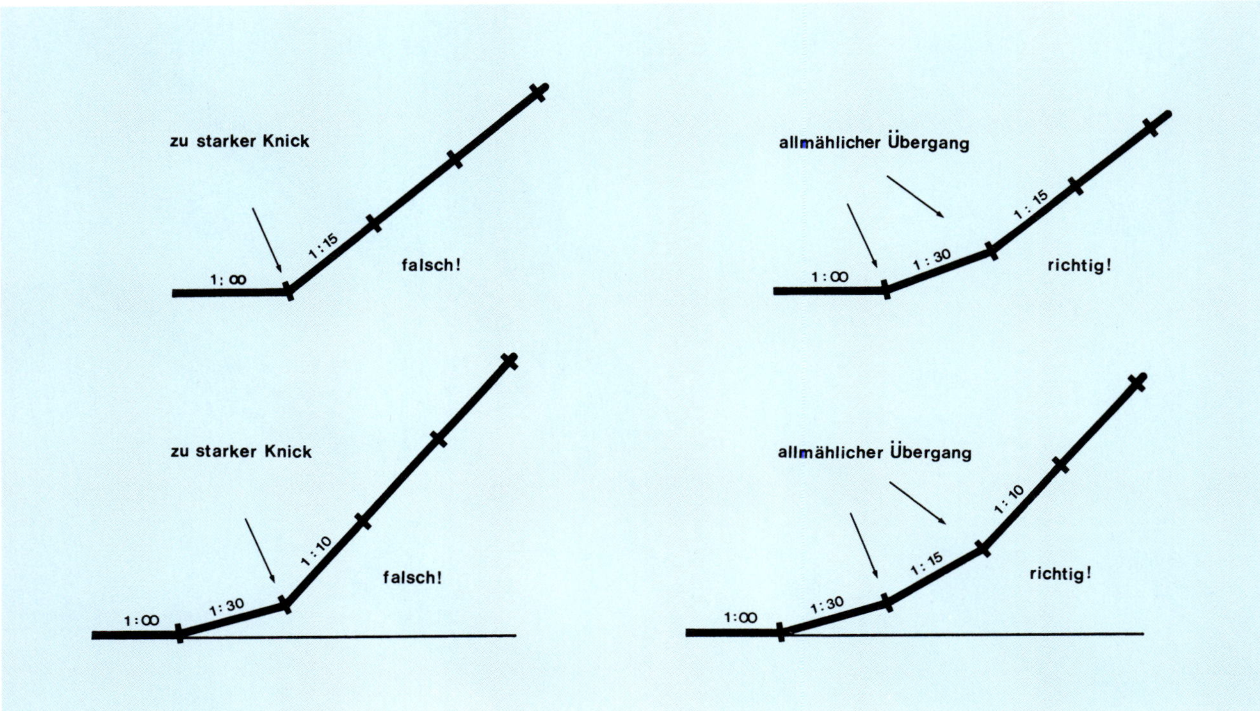

chenden Unterbaumaßnahmen sollte uns dies gelingen. Während sich allerdings Freunde der M-Gleise dabei recht abmühen müssen, ein Schienenstück so vorzubiegen, daß es leicht gerundet ist, tun sich die Benützer des K-Gleises leichter. Sie müssen nur vorsichtig hantieren. Zur Verdeutlichung ein Blick auf unsere Zeichnung.

Trennstellen – Kein Problem

Es dürfte kaum eine Anlage geben, auf der keine Trennstellen eingebaut werden mußten. Passende Artikel erhält man hierzu aus dem MÄRKLIN-Gleissortiment. Jedoch stellt uns die Notwendigkeit von Trennstellen, zum Beispiel vor Signalen, immer wieder vor gewisse Probleme. Es ist beispielsweise kaum möglich, zwischen zwei Parallelgleisen eine Stromtrennung durchzuführen. Bei diesen Arbeiten sind Grundkenntnisse im Löten von großem Vorteil. Auch beim Anbringen von Kabelanschlüssen zum Mittelleiter, was häufig nötig ist, sollte man

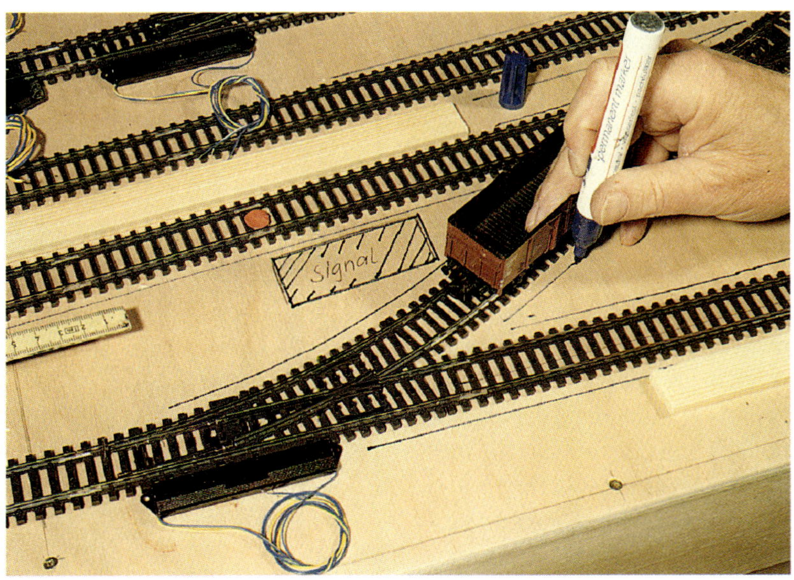

Oben: Feinarbeit an den Merkur-Gleisbettungen, hier für eine Weiche.

Rechts: Gleisbettungen von Merkur gibt es für alle Märklin-Kunststoffgleise. Die Bearbeitung ist recht einfach.

Linke Seite oben: Für die Zufahrt zu dem höher gelegenen Endbahnhof der Nebenbahn legen wir eine Rampe an. Wichtig ist es, einen allmählichen Übergang zu erreichen.

Linke Seite Mitte: Kabelanschlüsse an den Mittelleiter werden am sichersten mit einer Lötstelle gemacht.

Linke Seite unten: Um die Lage der Gleise exakt auf die Holzplatte zu übertragen, benutzen wir einen kurzen Güterwagen, einen Filzstift, der senkrecht an die Bordwand gedrückt wird, und markieren somit die Gleislage.

ein wenig Bescheid wissen. Auf einfache Art können ebenfalls Trennstellen geschaffen werden. Diese sind allerdings nicht wieder rückgängig zu machen. Wir durchschneiden dabei mit einer Laubsäge (feines Metallsägeblatt) an einem Gleisende die Verbindungslaschen. Es genügt, wenn wir nur an einem Gleis so verfahren. Müssen hier oder an anderer Stelle Stromzuführungskabel (rot) an den Mittelleiter gelötet werden, dann funktioniert das nur am blanken Teil einer Schwellenunterseite. Vorsicht beim Andrücken des Lötkolbens! Nicht zu lange, da die Kunststoffschwelle sonst zu schmilzen beginnt. Wenn wir den Masseanschluß (braunes Kabel) anbringen wollen, suchen wir an der Schiene hingegen vergeblich den richtigen Lötpunkt. Hier wird das Lot nicht angenommen. Erfolgreicher sind wir an einer Verbindungslasche.

Gleislage

Während der zunächst vorläufigen Verlegung sollten die Gleise hier und da mit kleinen Nägeln fi-

xiert und nochmals exakt ausgerichtet werden. Wir erleichtern uns die endgültige Gleisverlegung auch dadurch, indem wir Trennstellen mit einem farbigen Punkt markieren.

Nun soll die Lage aller Gleise festgehalten werden. Bei dieser Arbeit hat sich ein simples Hilfsmittel bewährt: Wir nehmen irgend einen kurzen Güterwagen und einen kräftigen Filzstift. Indem wir den Wagen vorsichtig schieben und dabei den Filzstift möglichst senkrecht an ihn drücken, können wir die Außenkonturen der Gleise nachzeichnen. Bei der landschaftlichen Ausgestaltung werden diese Striche dann von Sand oder Schotter verdeckt sein.

Jetzt legen wir uns die Gleise in größeren Teilmengen zurecht und nehmen uns einen Abschnitt vor, der möglichst viele Weichen enthält. Von hier aus beginnt jetzt die endgültige Gleisverlegung.

***Oben:* Dieser Abschnitt wurde nun weitgehend fertiggestellt. Die roten Punkte auf den Gleisen markieren elektrische Trennstellen.**
Linke Seite oben: Ausschnitt aus einer weiteren Anlage, die mit Merkur-Gleisbettungen ausgestaltet wurde.
Linke Seite unten: Mit kurzen Hammerschlägen auf ein Holzbrettchen lassen sich die robusten Märklin-Gleise sauber in die Bettungen drücken.
Unten: Neben den Merkur-Bettungen gibt es weitere Produkte. Sie tragen zur Minderung der Fahrgeräusche bei. Rechts im Bild eine Schaumstoffunterlage für das Märklin Metall-Gleis.

Das Einschottern

Über die verschiedenen Schottermethoden haben wir bereits im Kapitel Gleissysteme gesprochen. Nach unserer Erfahrung liefert das Merkur-Styroplast-Bettungssystem ein optimales Ergebnis. Beim Verlegen muß man jedoch mit Sorgfalt und einigem Geschick an die Sache rangehen. Die Stoßstellen müssen mit einem sehr scharfen Bastelmesser abgeschnitten und aneinandergefügt werden. So manche Stelle kann eventuell auch mal mit losen Schotterkörnern ausgebessert werden. Bei sämtlichen Styroplast-Weichen und Kreuzungskörpern ist es erforderlich, die schotterfreien Bettungsenden abzuschneiden.

Zur Befestigung der Gleise nehmen wir die MÄRKLIN-K-Gleisschrauben Nr. 7599, die jédoch nicht zwingend in jede einzelne Bohrung müssen. Etwas weniger Schrauben tun es genauso gut.

Was tun, wenn die Schwellen nicht genau in die vorgesehenen Bettungsvertiefungen passen? Die Stabilität der MÄRKLIN-Gleise erlaubt es uns, gegebenenfalls mit kurzen kräftigen Hammerschlägen nachzuhelfen. Dabei benützen wir ein Hartholzklötzchen, um die Schläge abzupuffern. Die Gleise können auch mit starkem Druck auf das Klötzchen in die Bettungen hineingeschoben werden. Die Oberfläche der Schwellen muß nach dem Einklopfen oder Eindrücken bündig im Schotterbett liegen. Ab und zu wird es nicht

Oben: Die Auffahrt zum höher gelegenen Dörfchen befindet sich im Bau.

Links: Bei diesem Diorama wurde die Rampe ausschließlich aus handelsüblichen Kunststoffteilen gefertigt.

ausbleiben können, daß kleine, sauber zugeschnittene Bettungsteile eingefügt werden müssen. Im Weichenbereich passiert dies oft. Meistens genügt es, diese Bettungsstückchen in die fehlenden Abschnitte einzudrücken. Die große Elastizität von STYROPLAST sorgt für genügend Halt. Kabel, die zum Gleis führen, bringt man an passender Stelle durch eine Bohrung an die Plattenunterseite.

Hinauf zum Bergdorf

Wir bauen mittlerweile an der Auffahrt zum höher gelegenen Bergdorf. Das Gleis geht sanft in die Steigung über. Der Auffahrtskeil sowie die Auffahrt wurden von KIBRI geliefert. Es sind Bausatzteile, die sowohl für Rechts- als auch Linksbogen montiert werden können. Zur Befestigung auf der Grundplatte haben wir Holzklötzchen eingepaßt, die von unten festgeschraubt werden können. Die Gleise lassen sich in die Plastikfahrbahn einschrauben, da bereits Löcher vorgestochen sind. Damit das Bauwerk nicht auf der Anlage dominiert, haben wir nur eine Teillänge der Auffahrt verwendet. Im Bereich der Straßenunterführung sind wir zur Holzbauweise übergegangen. Die Anfertigung stammt von einem Freund, der im Umgang mit Holz erfahren ist. Sie ist unserer Meinung nach

***Rechts:* Die Grundplatte für den oberen Bahnhof wird auf den Außenrahmen festgeschraubt.**

***Mitte:* Mit Kunststoffelsen und Arkadenbögen wird die obere Grundplatte verkleidet.**

***Unten:* Auch auf dieser Anlage werden handelsübliche Arkadenelemente für die Stützmauern und den Tunnel verwendet.**

fast etwas zu stabil ausgefallen. Auch die Dammneigung erscheint uns recht steil ausgefallen zu sein; die ideale Neigung beträgt etwa 45 Grad.

Als Auflage für die Grundplatte des oberen Bahnhofs wurde ein Sperrholzrest mit den Maßen 15 mal 70 cm senkrecht mit Hilfe von Metallwinkeln auf die Außenrahmen geleimt und geschraubt. Das nützliche Abfallholz erhielten wir vom Schreiner. Zwei weitere Brettchen bringen wir als Innenstützen in der Nähe der Eingriffsöffnungen an.

Mit der Stichsäge schaffen wir die endgültige Form der oberen

Grundplatte. Wir bauen zwei Tunnelportale nach Wahl ein und bemalen den Innenbereich mit schwarzer Farbe. Dort wo noch offene Stellen klaffen, kommen Teile von Plastikfelswänden (Faller) oder Vollmers´s bekannte Arkadenbögen zum Einsatz. Da wir bewußt keine Gebirgslandschaft hervorbringen wollten, reichen die bisherigen Vorarbeiten für die Formung eines leicht hügeligen Geländes schon aus.

Vom Kabel zur Schaltzentrale

Zur Abwechslung und außerhalb der zeitlichen Reihenfolge können wir uns an die Montage der „Schaltzentrale" machen. Sie basiert auf dem DELTA-Fahrbetrieb und besteht aus einem Haupttrafo, dem DELTA-Fahrgerät sowie, in Abweichung zum Gleisplan, acht Stell- bzw. Schaltgeräten. Alles ruht auf einem Sperrholzbrett mit den Maßen 15 mal 70 cm, das mit zwei stabilen Eisenwinkeln am vorderen Rahmenholz befestigt wird. Im Trafobereich führen die Kabel durch

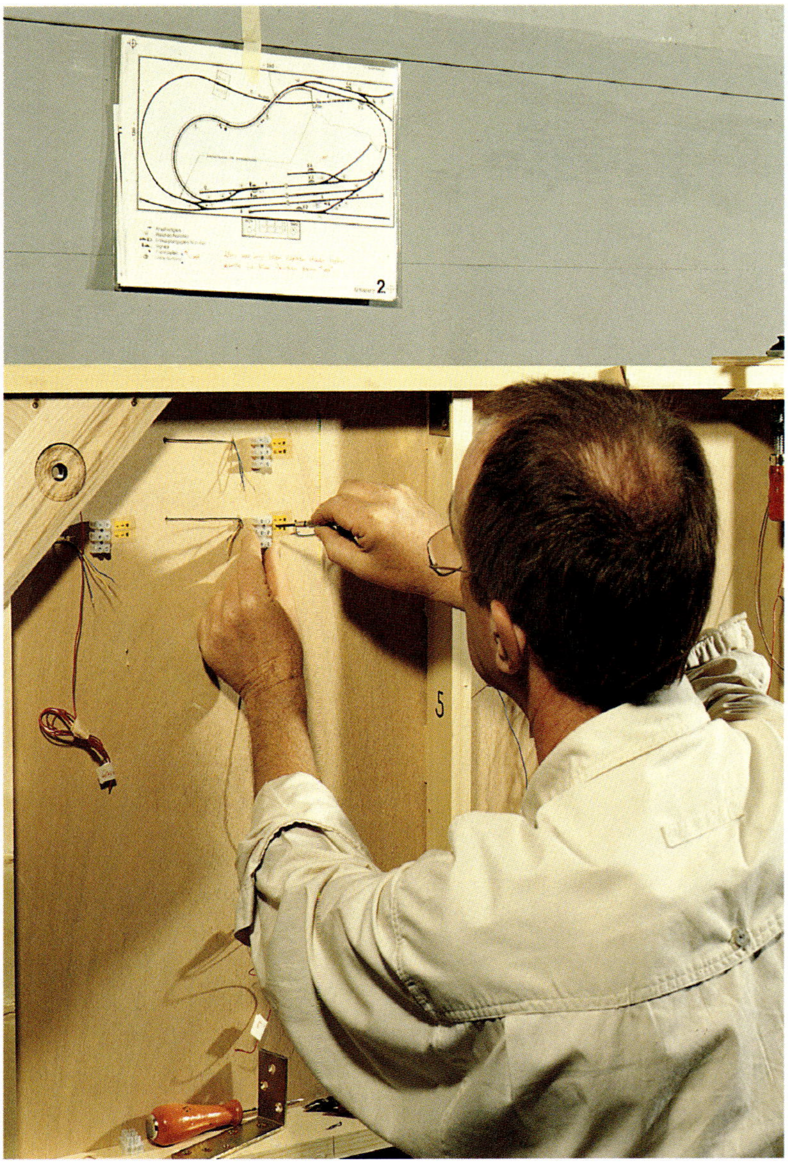

Linke Seite oben: Die kleine Schaltzentrale unserer Anlage.

Linke Seite unten: Für die Arbeiten an der Elektrik der Anlage empfiehlt es sich, diese hochkant aufzustellen. Wir haben uns von Anfang an absolut sauberes Arbeiten verordnet, damit später, im Falle eines Falles, kleinere Störungen rasch behoben werden können.

Rechts oben: Auch bei dieser in gemischter Bauweise erstellten Anlage ist ein ziemlich bequemes Arbeiten möglich.

Rechts Mitte: In Griffweite liegt das für die Arbeiten notwendige Werkzeug bereit.

Unten: Mit diversen Lüsterklemmen haben wir die Kabel absolut rechtwinklig verlegt und beschriftet.

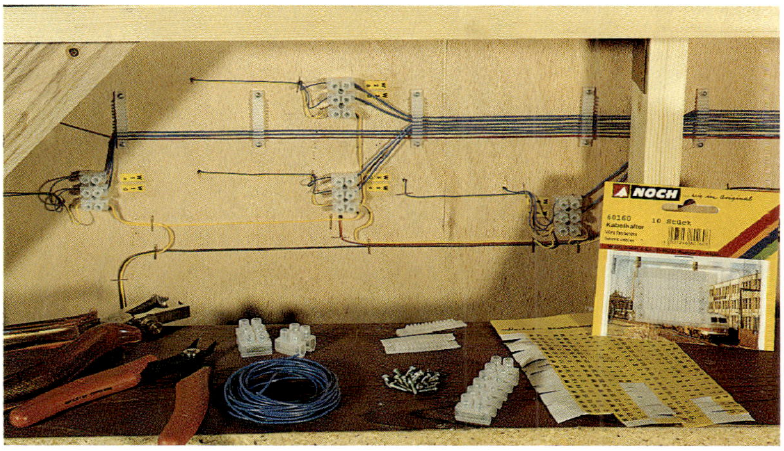

einen 10 mm breiten Schlitz, von den Stell- und Schaltpulten aus durch 2 mm-Bohrungen, an die Unterseite der Grundplatte zum jeweiligen Verbraucher.

Im Kapitel über Elektrik sind wir bereits auf die Technik des Verdrahtens eingegangen. Wir haben gesagt, daß wir eine überschaubare, stets rechtwinklige Kabelverlegung anstreben. Den größeren Materialbedarf nehmen wir dabei gerne in Kauf. Damit man sitzend und in aller Ruhe arbeiten kann, empfiehlt es sich, die Anlage hochkant aufzustellen. Die Arbeit unter der Anlage wäre unbequem und entsprechend schwierig. Wir sind schließlich keine Kirchenmaler, die monatelang rücklings an der Decke pinseln müssen.

Alles was für die Verdrahtung benötigt wird, liegt griffbereit auf

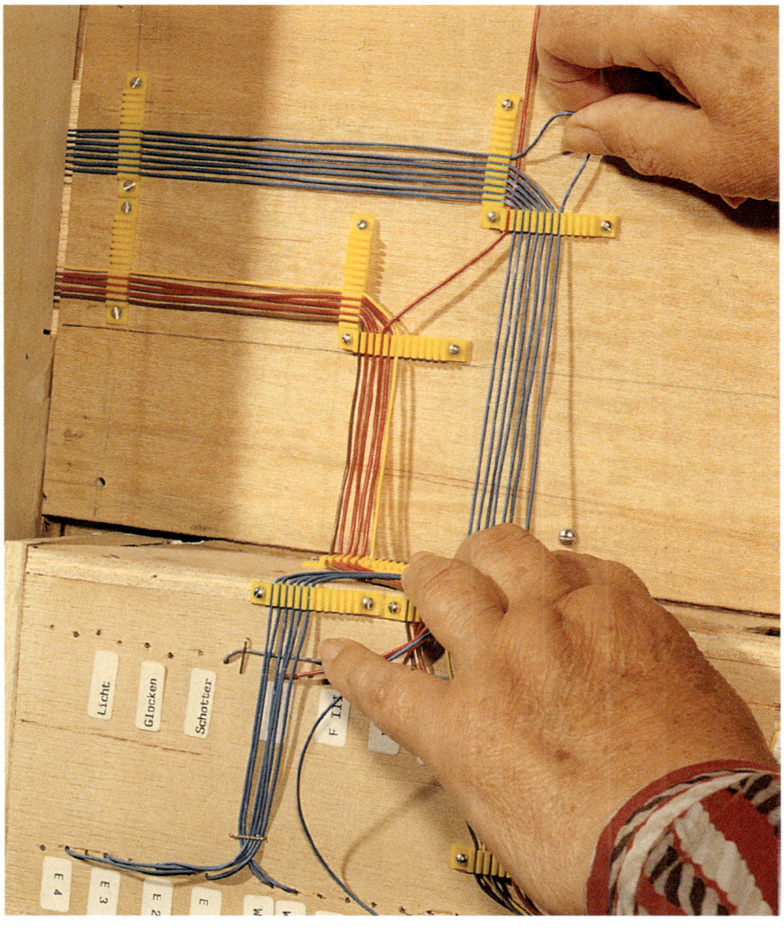

einem angeklemmten Ablagebrett: Abisolierzange, Tucker oder Krampen (Art.-Nr. 7000), Bezeichnungsetiketten, Kabelhalter, ein guter Seitenschneider (Faller), Lüsterklemmen in genügend großer Menge und reichlich Kabel, das vor allem in blauer Farbe häufig gebraucht wird. Die Lüsterklemmen lassen sich mit den M-Gleisschrauben befestigen. Es ist erstaunlich, wieviele Anschlüsse bereits bei einer mittelgroßen Anlage benötigt werden. Manchen Modellbahnfreund mag diese Tatsache vor einer ordentlichen Verkabelung zurückschrecken lassen. Er begnügt sich auf Dauer mit einem lose herabhängenden Drahtgewirr, bei dem die Verbindungen lediglich verdrillt sind. Eine saubere, professionelle Verdrahtung kann aber auch Spaß machen, vor allem wenn am Ende alles einwandfrei funktioniert.

DIGITAL-Freunde müssen sich zwar nicht in dem erwähnten Umfang mit dem Problem der

Oben: Wichtiges Gestaltungsmittel für den Geländebau sind Farben.

Unten: Schier unerschöpflich ist inzwischen das Angebot für Zubehörteile im Fachbereich Landschaftsbau. Dies gilt auch für Mauerplatten und ähnliches.

Länge stehen für erste Rangierfahrten bereit. Nun wird sich zeigen, wie ordentlich die Gleise verlegt wurden und wie zuverlässig die elektrischen Anschlüsse und Verbindungen sind. Sämtliche elektrische Arbeiten wurden sinnvollerweise vor der Landschaftsgestaltung vorgenommen, als ein Umdrehen der Anlage noch ohne weiteres möglich war.

Eine Landschaft entsteht

Zur Gestaltung einer attraktiven Modellandschaft stehen die unterschiedlichsten Hilfsmittel zur Verfügung. Die Menge ist schier unüberschaubar. Es gilt, im Sinne eines harmonischen Gesamtbildes die richtige Auswahl zu treffen. Spätestens jetzt müssen wir uns

Oben: Vor allen Arbeiten mit Farben oder Geländespachtel sollten die Gleise mit einem Abdeckband geschützt werden.

Mitte: Kleine Hügel und Erhebungen werden mit Hilfe von Fliegengitter arrangiert.

Verkabelung auseinandersetzen, ganz ohne Drähte geht es allerdings auch bei ihnen nicht. Denn die zahlreichen Beleuchtungseinrichtungen wollen auch mit Strom versorgt sein. Dennoch beschränkt sich der Verdrahtungsaufwand bei den DIGITAL-Anwendern natürlich auf ein weitaus geringeres Maß. Darum ist die Entscheidung für das jeweilige Steuerungssystem auch so frühzeitig wie möglich zu treffen.

Doch endlich ist der Moment der ersten Probefahrt da. Die Anlage liegt wieder in der Horizontalen. Rasch werden ein paar Loks auf das Gleis gestellt. Einige Wagen verschiedener Bauart und darüber klar werden, welchen Charakter das Gelände, die Gebäude und die Ausgestaltungselemente erhalten sollen. Was wir eingangs zum Thema „Epoche" gesagt haben, bezieht sich ja nicht nur auf Lokomotiven und Wagen, sondern auf die Anlage als Ganzes. Es lohnt sich vielleicht, beim Fachhändler noch etwas

Geld in Herstellerkataloge zu investieren. Zu Hause in Ruhe durchstudiert, liefern diese farbigen Kataloge die eine oder andere Anregung, und man wird zum Beispiel darauf gebracht, eine Anlage mit ländlichem Charakter, wie die unsrige, entstehen zu lassen.

Das richtige „Make up"

Wichtige Faktoren beim Geländebau sind Farben. Für feine Mal- und Alterungsarbeiten empfehlen wir die bewährten Plakafarben. Sie haften, wenn man sie mit ein paar Tropfen Geschirrspülmittel vermischt, fast überall und trocknen vor allem matt und grifffest. Für größere Landschaftsflächen sind die bekannten Abtönfarben aus dem Malergeschäft genau das Richtige. Sie besitzen ähnliche Eigenschaften wie die zuerst genannten Farben, sind jedoch weitaus billiger. Mit preisgünstigem Papierabdeckband sollten die Gleise im Malbereich vor ungewollten Farbklecksen geschützt werden. In einem Gipsbecher sollte stets Wasser zum Verdünnen bereitstehen. Beim Farbenkauf bitte darauf achten, daß sich für eine realitätsgetreue Farbgebung gedeckte Farben besser eignen als grelle. Schon mit den Grundfarben Schwarz, Weiß, Beige und Grün können viele Tönungen herbeigemischt werden. Auf einem unserer Fotos wird gerade der Felswand eine natürlichere Farbgebung verliehen, da die ursprüngliche Färbung der Plastikoberfläche recht unnatürlich wirkte.

Falls die Felswand an einer Stelle nicht genau paßt, Lücken zu

Linke Seite oben: Mit viel Liebe zum Detail gestaltete Siedlung.

Linke Seite Mitte: Gemeinsam macht es noch mehr Spaß! Hier wird gerade der Bereich um einen kleinen Güterschuppen farblich behandelt.

Oben: Dort, wo Straßen und Plätze entstehen, erfolgt ein Auftrag mit einem dick angerührten Moltofill-Brei. Der kleine Hügel im Hintergrund ist inzwischen mit Küchenkrepp überzogen worden.

Links: Die Häuser wurden nun in ihre vorläufig endgültige Position aufgestellt. Sie haben alle einen eindeutig ländlichen Charakter.

sehen sind, hilft Moltofill-Spachtelmasse. Damit kann man die Felsformationen auch an bestimmten Bereichen nachformen und festigen.

Unser Gelände sollte nicht „bretteben" sein. Sanfte Hügel und Vertiefungen machen sich immer gut; so haben auch wir diese Art der Landschaftsform angestrebt. Es wäre möglich gewesen, mit Styropor-Abfallstückchen und Moltofill kleine Hügel zu formen, um das Gelände zu gestalten. Nach dem Aushärten gelingt die Bearbeitung recht gut, wenn ein Küchenmesser und eine grobe Holzraspel zu Hilfe genommen werden. Wir haben jedoch eine altbewährte Methode bevorzugt: Ein Fliegengitter wurde entsprechend vorgeformt und anschließend auf die Grundplatte geheftet. Im nächsten Schritt kam eine Lage Küchenkrepp, das mit verdünntem Holzleim getränkt war, auf das Gitter, so daß sich bald eine stabile „Schale" bildete. Diese mußten wir dann nur noch im selben Maße wie die ebene Landschaft mit Grasfasern begrünen. Bei diesem Arbeitsschritt kann ausprobiert werden, welche Farbmischung der Fasern dem Vorbild Natur am nächsten kommt.

Um für die farbliche Gestaltung der Straßen eine gute Unterlage zu erhalten, haben wir alle dafür vorgesehenen Flächen mit dick angerührtem Moltofill-Brei gespachtelt. Diese Vorbereitung war notwendig, da die Oberfläche

Linke Seite oben: Der Charakter einer Anlage oder eines Dioramas wird nicht zuletzt durch die gewählten Gebäudemodelle bestimmt. Auf dieser Anlage ist es eindeutig eine Alpenlandschaft, irgendwo in Süddeutschland.

Linke Seite unten: Besiedlungsversuch auf einem Diorama. Die Gebäude wurden zunächst probeweise aufgestellt, um ihr Zusammenwirken zu testen.

Rechts: Mit dem ersten Ergebnis, das wir streng nach unserem Plan durchgeführt haben, waren wir nicht ganz glücklich. Viele Frauen haben, was die Gestaltung betrifft, einen besseren Geschmack, auf den wir gerne hören sollten.

von Sperrholz nicht sehr glatt ist. Bei Straßen oder Plätzen würde sich die rauhe Struktur bemerkbar machen. Nach dem Trocknen machten wir uns an die eigentliche Bemalung. Wir verwendeten hellgraue Farbtöne, die zum Straßenrand hin dunkler aufgetragen wurden, um die plastische Wirkung zu verstärken. Gleiches gilt übrigens auch für betonierte Bahnsteige.

Die Besiedlung

Was den Landschaftscharakter angeht, haben wir uns in etwa an den Merkmalen der Schwäbischen Alb orientiert: kalkfarbige Felsabbrüche, nicht allzu hohe Felswände und grasbedeckte Ebenen.

Die Gebäude wurden, wenn es möglich war, passend zur Gegend ausgesucht. Sie wirken ländlich, bäuerlich und könnten durchaus in der Alblandschaft stehen. Die gewählte Siedlungsform – das „Straßendorf" – dürfte für die Region ebenso typisch sein. Außerdem machte es uns keine Mühe, die Häuser in dieser Form anzuordnen, da es gut mit unserem Gleisplan zu vereinbaren war.

Noch stehen die Häuser nur provisorisch auf den ihnen zugedachten Standflächen. Auch das Kirchlein im Hintergrund hat noch keinen endgültigen Platz. Wir haben lange nach einem günstigen Standort gesucht. Es bringt nichts, die ausgesuchten Häuser wahllos über das Gelände zu verstreuen. Die optimale Wirkung der Gebäude erreicht man vielmehr dadurch, daß man immer wieder Ihre Positionen verändert, sie gegeneinander auswechselt oder geringfügige Drehungen vornimmt. Wir haben die Erfahrung gemacht, daß eine Frau mit ihrem kritischen Blick hier ungemein konstruktive Ratschläge geben kann. Verlassen wir uns also auf ihren guten Geschmack.

Nachdem wir ein letztes Mal prüfend über die Anlage geschaut haben, entschließen wir uns für die endgültige Befestigung der Häuser. Es gibt zwei Möglichkeiten: Wenn eine hervorstehende Grundplatte vorhanden ist, wird

der Gebäudekörper mit kleinen Schräubchen auf der Standfläche festgemacht. Ansonsten fixiert man ihn mit Weißleim. Soll das Haus beleuchtet werden, läßt man das Dach lose, damit es jederzeit abgenommen werden kann. Zur Vervollkommnung greifen wir nochmals zu Pinsel und Farbe. Die Hausdächer müssen noch ein wenig farblich behandelt werden. Schwarze Spray-Farbe bringt hier die besten Effekte, besonders im Bereich des Kamins/Schornsteins, wo Ruß und Rauch die Dachplatten geschwärzt haben. Auf den Straßen und Plätzen haben Autoreifen ihre Spuren hinterlassen, was ebenfalls nachgeahmt werden sollte. Es empfiehlt sich auch, noch etwas weiße Farbe auf die Felswand aufzubringen. Dazu nehmen wir einen harten Pinsel und übertupfen den Fels mit leichten Handbewegungen. Die Wirkung ist phantastisch, geht jedoch „flöten", wenn man mit dem Einfärben übertreibt. Um die noch als „Ödland" verbliebenen Geländeteile mit Pflanzen und Erde zu beleben, benötigen wir noch mehr Farbe und Kunstgras.

Links oben: Besiedlungsform Großstadt. Hier braucht man reichlich Platz, um die Wirkung von eng besiedeltem Boden darzustellen.

Unten: Bei dieser Anlage dominiert wieder der ländliche Charakter mit seinen verspielten Fachwerkbauten.

„Fruchtbarer Boden" entsteht mit Hilfe von dunkelbrauner Farbe, also einer erdfarbenen Tönung. Auf ihm „gedeiht" Kunstgras aller Farbabstufungen wirklich prächtig. Mit einem elektrostatischen Sprühgerät, das der Modellbahnhändler einem vielleicht auch mal leihweise überläßt, gelingt es leicht und schnell, eine hübsche Wiese anzulegen. Bei dieser Methode laden sich die Kunststoff-Fasern statisch auf und prallen dann senkrecht auf die mit Holzleim getränkte braune Grundierung. Die „Streudosen" der Firma Noch besitzen eine ähnliche Wirkweise. Für die Begrünung kann auch anderes Material verwendet werden. Es gibt Fasern, die lediglich auf die Grundierung aufgestreut werden, oder Matten, die man aufkleben kann. Das Angebot an Landschaftsbaumaterial ist riesig. Wir können hier nur ausschnittweise und ohne Bevorzugung bestimmter Fabrikate darüber berichten.

Wir pflanzen einen Baum

Das Aufstellen der Bäume ist für so manchen Modellbahner ein Kapitel für sich. Er hat seine

***Oben:* Mit Plaka-Farben werden die Felsen farblich gestaltet.**

***Unten:* Mit brauner Farbe wird der Untergrund für die spätere Begrünung vorbereitet.**

Oben: Mit einem elektrostatischen Sprühgerät werden die Grünflächen angelegt.

Rechts: Die Streugrasdosen einiger Hersteller haben eine fast ähnliche Wirkungsweise.

Rechte Seite oben: Mit einer Heißklebepistole wird Leim auf die Wurzelfüße der Laubbäume aufgetragen. Innerhalb von wenigen Sekunden ist der Baum dann auf dem dafür vorbereiteten Platz fixiert.

Rechte Seite unten: Eine kleine Auswahl der für die Begrünung angebotenen Artikel.

liebe Not damit. Es sei denn, die Baumstämme müssen nur in ein mit Leim gefülltes Loch auf der Grundplatte gesteckt werden. Oft helfen auch die angespritzten Wurzelflächen nicht viel, der Baum will nicht stehenbleiben. An Abhängen geht´s oft gar nicht, es sei denn, man arbeitet mit einem Gerüst aus Holzstäbchen, bis der Leim getrocknet ist. Eine große Hilfe stellt hier die Heißklebepistole dar, die natürlich auch bei anderen Arbeiten eingesetzt werden kann. Ein einziger Tropfen der sehr heißen Klebemasse genügt, um einen Baum in wenigen Sekunden an seinem Standort zu fixieren. Nach der gleichen Methode kann man übrigens auch den kleinen Preiser-Figuren zur Standhaftigkeit verhelfen. Bei ihnen genügt ein winziger Tropfen des Klebstoffs und sie verharren in aufrechter Position.

Der richtige Hintergrund

Jetzt ist es an der Zeit, sich auch mal um den Hintergrund der Anlage zu kümmern. Unsere Fotos hierzu werden hoffentlich nicht ganz ernstgenommen. Die Übertreibung dient der Verdeutlichung. Es soll aber durchaus vorkommen, daß solche oder ähnliche buntschreiende Tapeten als Hintergrund für eine ansonsten hübsche Anlage herhalten müssen. Nackte Ziegelwände, rauhe Holzstapel oder allerlei Gerümpel eignen sich ebenso wenig als Rückwand einer Modellbahn.

Für die naturgetreue Hintergrundgestaltung gibt es sehr ansprechende tapetenähnliche Drucke in langen Bahnen, meist auf der Grundlage von Landschaftsphotographien. In den Katalogen von Kibri, Faller oder Vollmer findet man sicherlich etwas Passendes.

Doch besser als ein stilistischer Mischmasch ist immer noch eine neutral grau gestrichene Fläche. Läßt die Beschaffenheit der Wand keine nahtlose Bemalung zu, kann eine durchgehende dünne Hartfaserplatte angebracht werden, deren Ecken abgerundet wurden. Allerdings bekommt der Betrachter durch das einheitliche Grau im Hintergrund den Eindruck, die Landschaft befände sich auf einer Anhöhe. Dieser Effekt ist nicht immer erwünscht.

Ein Hintergrund sollte nach Möglichkeit nie direkt an der Anlage befestigt werden. Zwischen Wand und Anlage sollte ein Abstand sein, da Bäume und Masten unnatürliche Schatten werfen können, wenn sie zu nah am Hintergrund stehen. Dieser Punkt sollte besonders beim Fotografieren beachtet werden.

Auf unserem Foto konnten wir eine ideale Situation festhalten: Der Charakter der Anlagenlandschaft paßt genau zu einem Hintergrund, den die Firma Faller anbietet (Art.-Nr. 514).

Oben: Auch diese Märklin-Anlage, gebaut mit den robusten Metall-Gleisen wird durch den richtigen Hintergrund optimal abgerundet.

Rechts: Beim Tapezieren der Hintergrundkulisse.

Linke Seite oben: Hier haben wir für unsere Anlage bereits eine geeignete Fototapete angebracht.

Linke Seite Mitte: Eine recht farbenfrohe Zimmertapete macht sich nicht besonders gut als Abschluß unserer Anlage.

Linke Seite unten: Auch eine neutrale Wandfarbe stellt noch keinen richtigen Abschluß dar.

märklin
DELTA

Oben: Die zugkräftige DELTA-Lok der BR 86 bringt ihren aus romantischen Abteilwagen gebildeten Personenzug zum Bahnhof.
Unten: Diese Aufgabe wartet noch auf uns: Einfärben der Schienenprofile mit „Rostfarbe“.
Linke Seite: Die Anlage ist nun weitgehend fertiggestellt. Die Auswahl und Plazierung der Gebäude gefällt. Großzügig bemessen ist die Nutzlänge der Bahnsteige.

Unser Modell-Ländchen gewinnt durch den geeigneten Hintergrund ein solches Maß an Tiefe, daß es dem Betrachter schwerfällt, den Übergang vom Modell zum Fotohintergrund zu erkennen.

Die meisten Modellbahn-Kulissen können wie Tapeten angebracht werden. Eine Technik, die von den meisten Heimwerkern mehr oder minder gut beherrscht wird. Es muß in der Hauptsache darauf geachtet werden, daß überlappende Teile, sofern das Muster paßt, zum Licht zeigen. Auf diese Weise werden bei seitlichem Lichteinfall Kantenschatten vermieden. Hinzu kommt, daß das Papier nicht unbedingt die gleiche Eigenschaft hat wie eine „normale“ Tapete. Es muß nach dem Bestreichen mit Leim bzw. Kleister auf einer ebenen Fläche mindestens 20 Minuten einziehen. Danach sollte es zügig an der Wand angebracht werden. Ein Helfer kann dabei sehr nützlich sein. Vorsicht beim Andrücken mit dem Handbesen. Das Papier ist so empfindlich, daß es leicht beschädigt werden kann. Größere Luftblasen lassen sich von innen nach außen herausstreichen. Kleinere verschwinden während

des Trocknungsprozesses in der Regel von selbst.

Ein kleiner Rundgang durch die Anlage

Nun sind alle Arbeiten abgeschlossen. Die eifrigen „Baumeister" brechen zu einem imaginären Spaziergang durch die Modellandschaft auf. Kritisch schweifen unsere Blicke über die verschiedenen Anlagenbereiche. Ob es noch irgendwo etwas zu verbessern gibt? Wo sind noch kleinere Nacharbeiten notwendig? Wo könnten noch technische Störungen beim Fahrbetrieb auftreten?

Zuerst ein Blick von oben. Wir sehen zwei Drittel der Gesamtanlage. Im Vordergrund befindet sich das inzwischen fertig montierte und angeschlossene Bedienungspult. Das Herumtüfteln beim Aufstellen der Gebäude und die Auswahl haben sich gelohnt, es entstand ein harmonisches Gesamtbild. Positiv machen sich auch die langen Bahnsteige bemerkbar; der kleine Schienenbus macht das Größenverhältnis besonders deutlich.

Dem aufmerksamen Betrachter wird nicht entgangen sein, daß die kleine Kirche im oberen Dorf nochmals ihren Platz gewechselt hat. Nun beherrscht sie die Szene. Der optimale Standort ist gefunden.

Was den Zugbetrieb auf unserer Anlage betrifft, lassen wir ab und zu einen „Oldtimer"-Zug mit vier Abteilwagen in den Bahnhof einfahren. Er wird von einer kräftigen Dampflok, der BR 86, gezogen. Am Zugende wird ein Güterwagen mitgeführt. Eine derartige Wagenkombination ist damals nichts Außergewöhnliches gewesen. Wir Modellbahner können mit solchen Zügen den Betrieb auf der Anlage abwechslungsreicher gestalten.

***Linke Seite oben:* Eine Diesellok holt einen mit Schotter beladenen Wagen aus dem Schotterwerk ab.**
***Oben:* Der Stellwerker hat einen optimalen Überblick über sein Arbeitsfeld. Die Kreuzung erlaubt geschickte Gleisverbindungen auf engstem Raum.**
***Unten:* Der Pola-Lokschuppen wurde seines angebauten Nebengebäudes beraubt.**

Stellen wir uns nun mit der Kamera an die rechte untere Anlagenecke. Von hier aus werden wir Zeuge, wie die kleine Dieselrangierlok (BR 361) gerade einen Selbstentladewagen zum Schotterwerk schiebt, wo er beladen wird. Das Gebäudemodell ist von Pola und verfügt über eine fernsteuerbare Beladungseinrichtung. Als interessantes Anlagenmotiv lädt es zum Spielen ein. Bemerkenswert finden wir auch die ausgeklügelte Gleisführung mit kurzer Kreuzung – eine Lösung, die Platz spart.

Begeben wir uns nun auf die „Spuren" der Dampflokzeit.

MITTELSTADT

Oben: Die Auffahrtsrampe weitgehend aus Kibri-Bauteilen gefertigt.

Linke Seite oben: Das hübsche Empfangsgebäude in Mittelstadt. Es paßt architektonisch sehr gut zu den anderen Fachwerkhäusern der Siedlung.

Linke Seite unten: Aus dieser Perspektive erkennt man gut die Nebengebäude wie das Toilettenhäuschen und den kleinen Güterschuppen neben dem Empfangsgebäude.

Rechts: Der kleine Holzlagerplatz ermöglicht kurze Rangierfahrten.

Wieder blicken wir mit unserer Kamera vom selben Standort aus auf die Anlage. Diesmal sind wir jedoch näher an den Dorfplatz „herangegangen". Im Bild ganz links, in der Mitte des Dorfplatzes, wurde ein Denkmal aufgestellt. Allerdings haben wir die ursprünglichen, bronzefarbenen Figuren, die der Packung von Faller (Nr. 323) beigelegt waren, gegen andere ausgetauscht. In unserem Vorrat an Preiser-Figuren fanden sich ein Lokführer und ein Heizer. Wir bepinselten sie mit grauer Farbe und ver-

wandelten sie in steinerne Denkmalsfiguren. Nun stehen sie als „Der letzte Dampflokführer und sein Heizer" auf dem Sockel.

Ebenfalls im Sucherbild: das Stellwerksgebäude unten rechts. Es wurde an strategisch günstiger Stelle aufgebaut. Der Stellwerksmeister könnte von hier aus den gesamten Gleisbereich überwachen. Beim Pola-Lokschuppen für Kleinloks haben wir eine Veränderung vorgenommen. Das in origineller Weise hinten angebaute Wohnhaus für Bahnbedienstete mußte aus Platzgründen weichen. Dadurch entstand eine Maueröffnung, die mit einer passend zugeschnittenen Ziegelmauerplatte verschlossen wurde. Das ganze Motiv weist starke Betriebs- und Altersspuren auf. Der Kohlebansen samt Kran sowie die direkte Umgebung sind mit Kohlestaub überzogen. Die Schwärzung läßt den Lokschuppen wirklichkeitsnah aussehen. Wie wichtig die Farbgebung beim Gebäudebau ist, wurde im entsprechenden Kapitel ja ausführlich bespro-

Oben: Inzwischen haben wir die Gleise teilweise schon mit Rostfarbe eingefärbt. Dank der DELTA-Mehrzugsteuerung ist ein interessanter Betrieb möglich. Im Bild zwei der werkseitig mit dem DELTA-Modul ausgerüsteten Fahrzeuge.

Rechte Seite oben: Während der Akkutriebwagen Ausfahrt erhalten hat, rangiert die BR 86 einen gedeckten Güterwagen.

chen. Um das Bild gefällig aufzubauen, haben wir hinter dem Lokschuppen einen Schienenbus abgestellt. Er wartet auf seinen nächsten Einsatz – unser neues Spielthema, die Fahrt nach „Oberdorf".

Modell und Hintergrund – Ein Zusammenspiel

Schauen wir uns nun unseren Holzlagerplatz an. Groß ist er nicht. Doch immerhin besitzt er einen Gleisanschluß, der Gelegenheit zu kleinen Rangierfahrten bietet. Die Kulisse im Hintergrund vermittelt dem Betrachter den Eindruck von großer Weite. Das Bild ist stimmig, denn das Ladegut Holz wird meist aus dem Hinterland herangebracht. Der kurze Gleisstutzen im Vordergrund erlaubt uns dazu, die Loks von kurzen Zügen, die im Bahnhof ankommen, umzusetzen. Danach können die Wagen wieder zu Tal gebracht werden.

Wir sind wieder „unten". Vor uns das Bahnhofsgebäude von „Mittelstadt". Korrekterweise müßte man von „Empfangsgebäude" sprechen; denn der „Bahnhof" ist der gesamte Bereich mit Gleisen und Gebäuden. Wie dem auch sei. Dieses Gebäude gibt mit den übrigen Häusern, deren Fachwerk und steilen Dächern, ein harmonisches Ortsbild ab. Preiser-Figuren beleben die Szenerie. Sie streben zum gerade einfahrenden Personenzug (heute Nahverkehrszug). Und am „Horizont" künden dicke Haufenwolken vielleicht vom bevorstehenden Wetterumschwung.

Der kritische Blick über die ländlichen Gebäude und ihr Zusammenwirken – dies soll Vorbild und Anregung zugleich sein. Die vielen Ausgestaltungsteile der Anlage laden zum genüßlichen Betrachten ein. Eine einfache Elektromechanik sorgt beispielsweise dafür, daß der Güterzug, gezogen von einer schweren Diesel-Lok (BR 216), automatisch zum Stehen kommt und der Gegenzug abfahren kann. Wir können zuschauen, wie Züge kommen, Züge abfahren, Rangierlokomotiven einzelne Güterwagen an Züge anhängen. Dank der Entkupplungsgleise ist es möglich, Wagen von ankommenden Zügen abzuziehen und zum Güterschuppen zu fahren. Ein hübsches Schauspiel.

Weitere Details

Unsere Hauptstrecke zieht sich auf der linken Anlagenhälfte durch die Landschaft. Sie wird hier von Bäumen weitgehend

Linke Seite oben: Zwischen Oberdorf und Mittelstadt pendelt tagsüber ein Schienenbus mit Beiwagen.

Linke Seite unten: Morgens und abends hingegen ist ein lokbespannter Zug im Einsatz. Wie in der frühen Epoche 3 üblich, hat noch manch einer seinen Zweispänner zur Verfügung, so auch der Kohlehändler Josef Pittrich.

Oben: Gärtnerei und Kohlehandlung bilden zusammen mit der Viehweide ein harmonisches Ensemble. Die Tankstelle führt eher ein Schattendasein.

Links: Blumen Weisslers Gebäude wurden behutsam farblich nachbearbeitet. Die Szene ist besonders liebevoll gestaltet.

verdeckt, damit niemandem gleich der Kreisverkehr auffällt. Den engeren, inneren Kreis haben wir zum Teil auf den Kibri-Auffahrtselementen verlegt. Die Steigung ist so berechnet, daß sie von mittelschweren Zügen mühelos bewältigt werden kann. Links auf unserem Bild befindet sich eine kleine Gärtnerei, umgeben von ein paar Gewächshäusern. Dieses Motiv wurde mit viel Vergnügen von der Frau des Autors ausgestaltet. Links neben der Gärtnerei ist die Kibri-Auffahrt gut zu erkennen. Ihr Radius ist genau dem MÄRKLIN-Normalkreis angepaßt und läßt sich gut in die Landschaft einfügen.

Wem die Kühe auf der Weide gehören, haben wir noch nicht eindeutig entschieden. Rechts, noch im Bahnhofsbereich, befindet sich eine kleine Kohlehandlung für die Hausbrandversorgung. In Epoche 3 wurde noch weitgehend mit Kohle geheizt. So ergeben sich abwechslungsreiche Rangierfahrten mit vollen und später leeren Kohlenwagen.

Neben unserer Gärtnerei führt rechts eine Straße vorbei und zur Unterführung hin. Dahinter scheint sie sich im Hintergrund zu verlieren. Die Fotokulisse paßt so gut, daß der Übergang kaum zu erkennen ist.

Unsere Modellandschaft hat auch etwas für Liebhaber von Schlössern und Burgen parat: Schloß „Lichtenstein" bei Reutlingen, eines der bekanntesten

Linke Seite oben: Diese Aufnahme lädt zum Detailstudium der Kohlehandlung ein. Im Übereifer haben wir hier etwas zu viel schwarze Farbe versprüht.

Linke Seite unten: Auch die kleine Heizölstation sorgt für Spielbetrieb auf der Anlage.

Rechts: Ein kleiner Teich wurde am Rande der Auffahrtsrampe nach Oberdorf angelegt. Für die Bewohner von Mittelstadt eine willkommene Gelegenheit, die Hitze des Sommers mit einer Badetour zu lindern.

Bauwerke der Schwäbischen Alb. Das H0-Modell ist alles andere als maßstäblich groß, doch genügt es als Gestaltungselement für den Hintergrund vollauf. Es muß allerdings so plaziert werden, daß es höher liegt als seine Umgebung.

Man beachte auch die Bäume auf der Anlage. Sie wurden in Gruppen aufgestellt, weil das natürlicher aussieht als gleichmäßig über die Landschaft verteilte Einzelbäume.

Zurück zur Dorfstraße, die vor der Gärtnerei endet. Der Autoverkehr kann sich zur kleinen Unterführung hin abspielen. Preisersche Blumenliebhaber können die Gärtnerei anpeilen. Die Kohlehandlung „Pittrich" schafft einen optischen Übergang zum Bahngelände. Rechts neben „Pittrich" ein Kiosk, der in der Planung ursprünglich nicht vorgesehen war. Zwischen dem Toilettenhäuschen und der Kohlehandlung wirkt er auflockernd.

Doch schauen wir uns das Gebäude der Kohlehandlung noch einmal aus der Nähe an. Der Eindruck vom Alter wird durch die vielen kohlschwarzen Stellen, den abgenützten Brettern und Wänden glaubwürdig vermittelt. Die Ausgestaltung macht das Ganze noch realistischer, zum Beispiel der pferdebespannte Wagen, der mit echter Kohle beladen wurde. Ein paar Säcke stehen herum, und ein kleiner, damals sehr verbreiteter LKW, der dreirädrige „Goliath", kommt zum Einsatz.

Vom Kohlestaub zum Badevergnügen: Den kleinen Weiher gibt es als komplettes Landschaftsstück von der Firma Busch und nennt sich „Moorweiher". Es war nicht schwer, das Teil in die Umgebung zu integrieren. Überhaupt sind derart vorgefertigte Motive für den ungeübten Bastler eine gute Hilfe. Beim Fotografieren von Wassernachbildungen sollte die Beleuchtung aus der Gegenrichtung kommen. Die in Form der Wellen ausgearbeitete Ober-

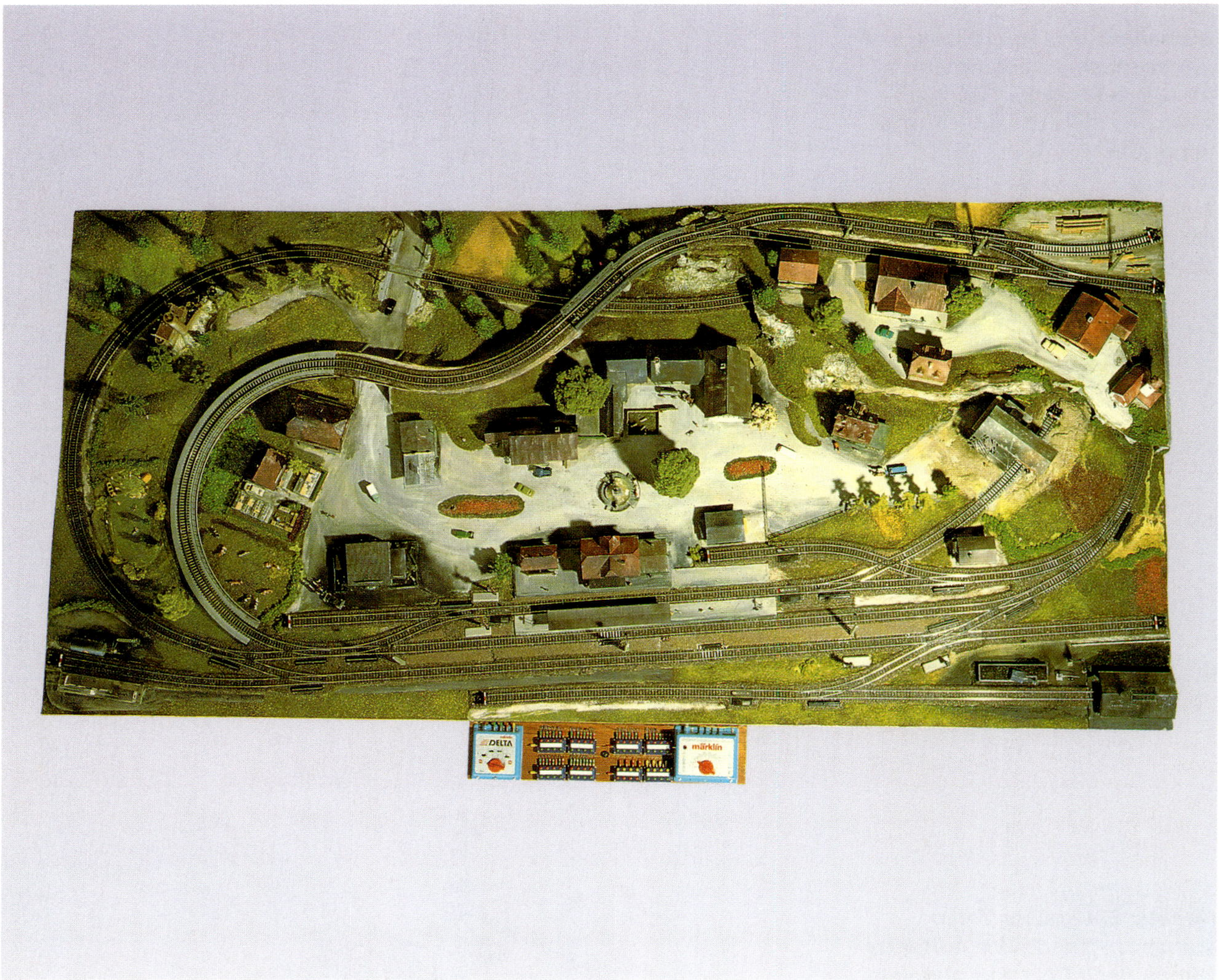

fläche glänzt dann viel natürlicher. Einigen Figuren, den „Badenden", haben wir den Unterkörper abgenommen. So sieht es aus, als würden sie im Wasser stehen. Ein Schwimmer ist ebenfalls zu erkennen. Nur sein Kopf schaut aus dem „Wasser".

Zuletzt nehmen wir das Motiv „Tanklager" noch einmal in Augenschein. Mit diesem kleinen Kraftstoff-Vorratslager samt Dieseltankstelle konnte eine Ecke, links unten auf unserem Plan vermerkt, sinnvoll ausgestaltet werden. In Verbindung mit dem dazugehörigen Anschlußgleis bietet das Tanklager die Möglichkeit, Rangierfahrten vorzunehmen. Eine einheitliche Beschriftung oder Plakatierung sorgt für wirklichkeitsgetreue Aufmachung. So sollten in ei-

Oben: Das Spiel kann beginnen. Vier Züge, darunter auch eine moderne BR 120 haben Aufstellung genommen.

Links oben: „Luftaufnahme" unserer Anlage. Die Aufnahme soll auch eine Orientierungshilfe für den Nachbau sein.

Linke Seite unten: Hier zeigt sich die geschickte Auswahl des Gleisplans, der auf geringem Platz eine Vielzahl von Zugbewegungen und Rangierfahrten ermöglicht.

nem „Shell"-Tanklager, wie auch auf unserer Anlage, beispielsweise keine „Aral"-Kesselwagen stehen. Hingegen sind „neutral" Beschriftete kein Problem.

Als Überblick und Orientierungshilfe kann eine Gesamtaufnahme der Anlage dienen. Die Modellbahn wurde zu diesem Zweck auf den Boden gelegt. Der an der Rückwand auftapezierte Bildhintergrund fehlt deshalb. Ansprechendere Fotomotive haben wir ja nun zur Genüge auf unserer Anlage gefunden. Ein derartiges Bild kann jedoch, ebenso wie eine „Luftaufnahme", zu einem interessanten Vergleich zwischen Planzeichnung und Realisierung im Modell anregen. Inwieweit stimmt beides miteinander überein, wo gibt es Abweichungen?

Das Spielen kann beginnen

Unsere Demonstrationsanlage ist nun fertig. Der Erbauer und seine eifrigen Helfer und Helferinnen sitzen oder stehen nun davor. Es kann losgehen. Der Blick geht zuerst auf die übersichtlichen Bedienungselemente und die vier Gleise im Bahnhofsbereich. Auf jedem Gleis steht eine Lokomotive aus dem DELTA-Sortiment – bereit zum Einsatz vor passenden Zügen. Vielleicht fahren wir von „Mittelstadt" nach „Oberdorf", oder es werden Rangierfahrten durchgeführt. Welche Aufgaben unsere Modelleisenbahn dann des weiteren übernimmt, wird sich im täglichen Spielbetrieb noch zeigen.

Viel Spaß!

Eine Modellbahnanlage ohne Gebäude ist wie ein Baum ohne Äste. Die von der Zubehörindustrie perfekt durchgestalteten Bausätze geben unserer kleinen Landschaft den rechten Pfiff. Die Häuser sollten in Stil und Ausführung einigermaßen harmonieren, damit sich ein geschlossenes Gesamtbild ergibt.

Leider, oder vielleicht glücklicherweise, gibt es keine Fertigmodelle mehr. Es hat sein Gutes, weil die Baupreise im Rahmen bleiben, und der Spaß beim Selbstbau nicht zu unterschätzen ist. Da kann die bessere Hälfte mitbasteln, die Kleinen werden hinzugezogen, und man glaubt es kaum, mit welcher Geschicklichkeit und mit wieviel Ideenreichtum die Kinder begeistert die Teile zusammensetzen. Und wir kennen Familien, die alle zusammen an langen Winteraben-

Oben: Das Zusammenbauen von Gebäudemodellen ist einfach und macht viel Spaß, wenngleich auch ein wenig Geschicklichkeit vonnöten ist.

Links: So oder ähnlich zeigt sich der Inhalt der Schachteln mit den Bausätzen. Immer dabei: eine Baubeschreibung mit vielen Bildern, an die man sich unbedingt halten sollte.

Rechte Seite oben: Die meisten Bausätze bestehen aus Kunststoffspritzlingen.

Unten rechts: Wichtiges Utensil: Ein Seitenschneider zum Entgraten der Spritzlinge.

den gemeinsam die Häuser von Faller, Kibri, Pola oder Vollmer zusammenkleben. Statt hier eine genaue Gebrauchsanweisung für die Gebäudemontage zu geben, schauen wir lieber ein paar Bastlern über die Schulter. Außer Geduld brauchenwir nur sehr wenig Werkzeug. Wichtig ist ein kleiner Seitenschneider. Er ist vielseitig verwendbar, vor allem trennt man damit die Einzelteile vom Spritzbaum.

Plastikkleber stellen alle Firmen her. Einen großen Unterschied in der Klebekraft konnten wir nicht feststellen. Vorzuziehen sind relativ dickflüssige Kleber aus dem Glas, in seltenen groben Fällen sind die aus der Tube besser. Kleber mit feinster Kanüle sind neuerdings sehr gefragt. Und das mit Recht, denn damit sind auch kleine Dosierungen möglich. Eine Flachfeile gehört ebenfalls zur Ausrüstung. Damit kann eventuell ein unschöner Grat beseitigt werden. Schließlich

Oben: ***Beim Zusammenbau sollte unbedingt in der von der Anleitung vorgegebenen Weise gearbeitet werden. Hier werden die Fensterrahmen eingesetzt.***

Unten: ***Die Wände des Gebäudes werden nach dem Bestreichen mit Kleber zusammengedrückt.***

brauchen wir ein scharfes Bastelmesser. Vorsicht! Sehr scharf und nichts für Kleinkinderhände.

Wenn wir eine Bausatzpackung öffnen, liegen etliche Spritzlinge vor uns, in unterschiedlichen Farben und mit reich detailliert angegossenen Teilen. So kommen sie aus der Spritzgußmaschine, wo aus vorgefärbtem Granulat unter Druck und Hitze das Teil in der Form entsteht. Vom Spritzling trennen wir nur die gerade benötigten Teile ab. Was wir zum jeweiligen Zeitpunkt des Baufortschritts brauchen, steht in der Bauanleitung. Alle Teile sind sorgfältig numeriert, so kann eine strikte Ordnung beibehalten werden. Auch wer sonst nicht gerade ordnungsliebend ist, sollte hier die vorgeschriebene Reihenfolge einhalten, sonst kommt er leicht in Bedrängnis. Der Zusammenbau beginnt mit dem Einkleben von Türen und Fenstern. Das geht wesentlich leichter im Anfangs-

Oben: Hier werden die Seitenwände mit Gummis zusammengedrückt. So bleiben die Hände für weitere Arbeiten frei.
Unten: Neben der Bauanleitung sind Vorbildaufnahmen eine nützliche Hilfe beim Zusammenbauen.

stadium, ehe die Wände zusammengefügt sind. Und wir sollten nur kleinste Klebstoffmengen verwenden, es darf nirgends überquellen. Das gäbe häßliche Flecken.

Die Wände kleben wir am besten mit dickflüssigem Kleber (Uhu-allplast) oder Uhu-plastflüssig. Wir drücken sie nach dem Bestreichen einige Minuten zusammen und achten dabei darauf, daß alle Winkel genau stimmen. Anhand der Bauanleitung vergewissern wir uns immer wieder, daß alles vollzählig ist.

Bei einem großen Objekt, wie z. B. dem Bahnhof Feldafing von Kibri, ist schon eine Menge Erfahrung nötig. Wir verwenden Gummiringe, mit denen wir den Wänden bis zum Trocknen der Klebestellen Halt geben. Um auch kleinste Feinheiten nachbilden zu können, haben wir auch ein paar Fotos vom echten Objekt gemacht. Dies ist für jene Bastler

Linke Seite oben: Dieses Gebäude ist nahezu fertiggestellt. Eben wird die Dachpartie eingefügt.

Linke Seite unten: Wer will, sollte mit Farben einige Elemente nachbearbeiten oder verschmutzen. Dies mindert in der Regel den Kunststoffglanz der Bauteile und verleiht dem Objekt ein realistischeres Aussehen.

Oben: Kinder erlernen sehr rasch den Umgang mit Kleber, Werkzeug und natürlich dem Bausatz selbst.

Unten rechts: Wer seine Anlage beleuchten will, wird bereits während des Baus die dafür notwendigen Maßnahmen ergreifen.

vorteilhaft, die auf sehr originalgetreue Farbgebung Wert legen.

Inzwischen steht ein anderes Modell fast fertig vor uns. Die Dachpartie wird eingepaßt. Gebäudemodellen ist meist ein passend zugeschnittenes schwarzes Papier beigegeben, das Lichtaustritte an unpassender Stelle verhindert und es ermöglicht, beliebig Fenster undurchsichtig zu machen oder die Zimmer beleuchtet erscheinen zu lassen.

An Häusern aus früherer Zeit können wir uns richtig austoben, um mit passenden Farben dem Gebäude Altersspuren zu geben. Da können wir auch ganz nach Geschmack Simse und Laibungen in ganz anderen Farben bemalen und die Fassade schmutziggrau tönen. Es macht sich übrigens immer gut, wenn einige Fenster geöffnet sind oder Vorhänge zugezogen werden. Und wenn noch der Putz bröckelt, ist die Illusion eines

Hauses aus der Jahrhundertwende vollkommen.

Wer seine Anlage und damit die Häuser für die Nachtstimmung beleuchten will, kann mit einigem Aufwand diesen Effekt erreichen. Wir tun das aber nicht mit einem Birnchen am Boden des Gebäudes. Da bedarf es schon größeren Aufwandes, wenn das Licht in den Räumen wie in Wirklichkeit von oben kommen soll. Im Bahnhof Bonn von Kibri z.B. wurden allein sechs Lampen an eingeklebten Leistchen befestigt, weitere sechs befinden sich unter dem Bahngleisdach, die Zuleitungen verraten dies. Sauber gelötete Drahtverbindungen sind Voraussetzung für gutes Funktionieren solcher Konstruktionen. Beim ersten Einschalten aber zeigt sich der Mühe Lohn.

Apropos Kinder und Modellbau: Gerade zehn Jahre ist z. B. Peter alt. Er bewältigt schon sehr diffiziele Basteleien, die er mit Akribie und Sorgfalt erledigt. Kindern seines Alters bringt die Beschäftigung mit Modellbausätzen nicht nur Spaß und Erfolgserlebnisse, sie fördert auch Fingerfertigkeit und Kreativität.

Kreativ können wir auch beim Bemalen von Fassaden sein. Das Ziegelmauerwerk wird plastisch hervorgehoben, indem weiße Plaka-Farbe mit Spülmittelzusatz sehr dünn in die Mauerfugen geträufelt wird. Sofort fließt die Farbe fast von selbst in alle Vertiefungen. Anschließend Überschüssiges mit einem Lappen abwischen und, je nach Alter des Hauses, stellenweise „verschmutzen", besonders unter Fenstern und am Kaminfuß..

Blumen am Fenster schmükken nicht nur kleine Dörfer. An einem repräsentativen Bahnhofsgebäude, wie dem Modell von Feldafing, machen sie sich ebenso gut. Das Rezept: Wir verdünnen Uhu-coll-Weißleim 1:1. Dann geben wir buntes Streumaterial dazu, bis ein dicker Brei entsteht, den wir am Fenstersims oder wo sonst gewünscht aufbringen. Vorsicht: Ist der Brei zu dünn, so läuft er bald nach unten, ist er zu dick, hapert's mit der Haftung. Tip: Wo das Gemisch haften soll, vorher mit etwas Leim vorstreichen.

Oben: Blumen am Fenster schmücken natürlich auch ein Modellgebäude.

Linke Seite: Peter, gerade 10 Jahre jung, versucht sich hier an der Ziegelwand eines Gebäudes, die er besser hervorheben will, indem er weiße, stark verdünnte Plakafarbe aufträgt, die in den Vertiefungen bleibt, während die Oberfläche selbst mit einem Tuch abgerieben wird.

Rechts unten: Verschiedene Gebäudetypen sind nun fertig geworden.

Ein Zug, fährt der Rest steht, der Modellbahner guckt zu. Nach dieser Devise lief der Zugbetrieb herkömmlicher Art – auf kleinen oder mittleren Anlagen – bis vor nicht so langer Zeit ab. Dachte man da an die richtige Bahn, das große Vorbild, war der Betrieb im Kleinen natürlich immer viel zu wenig abwechslungsreich. Wie gerne hätten wir mit ein paar Zügen zugleich gespielt . . .

Als „Lokeinsatzleiter" kommen wir dank MÄRKLIN-DELTA-Mehrzugbetrieb in die glückliche Lage, endlich mehr als nur eine Lok mit Zug auf die Fahrt zu schicken.

Nun ist es möglich, bis zu fünf Lokomotiven und Züge gleichzeitig fahren zu lassen. Dabei können Fahrtrichtung und Geschwindigkeit für jede Lok unabhängig gesteuert werden. Wie funktioniert das? Jedenfalls ohne komplizierte Verdrahtung.

Grundbedingung ist, daß die eingesetzten Lokomotiven mit dem DELTA-Modul ausgerüstet sind. Denn nur dann sind sie mit dem DELTA-Control (Nr. 6604) anwählbar. Dieses Zusatzgerät wird zwischen den konventionellen Transformator und das Gleis geschaltet. Danach heißt es

Rechte Seite: Unabhängiger Mehrzugbetrieb mit MÄRKLIN-DELTA. Im Bild sind die vier bereits werkseitig mit dem DELTA-Modul ausgerüsteten Lokomotiven. Sie können über das DELTA-Control (kleine Abbildung) individuell angewählt und bewegt werden.

Rechte Seite unten: Akkutriebwagen der BR 515, mit eingebautem DELTA-Modul im Anlageneinsatz. (Foto: Zinngrebe)

Unten: Als „fünfter" MÄRKLIN-Lok wurde der BR 003 werkseitig das DELTA-Modul eingebaut. Sie kann mittels DELTA-Pilot, einem Handregler, der an das DELTA-Control angeschlossen wird, zusätzlich zu den vier anderen Lokomotiven eingesetzt werden. Mit DELTA-Pilot können aber auch DIGITAL-Loks gesteuert werden.

märklin
DELTA
STOP
STOP
6604

FELDAFING

schon „Start klar" für unsere Loks. Auf dem DELTA-Control finden wir einen Drehschalter. Wenn dieser auf das jeweilige Piktogramm für den eingesetzten Loktyp gestellt wird, fährt das angewählte Fahrzeug unabhängig von den anderen los. Die übrigen werden entsprechend in Gang gesetzt. Es gilt für jede Lok dann immer die letzte Fahrinformation, die sie mittels Transformator erhalten hat. Die Geschwindigkeit oder die Fahrtrichtung können am Transformator geändert werden. Doch es reagiert stets nur die Lok darauf, die wir über DELTA-Control angewählt haben.

Am DELTA-Control können mit dem Drehschalter vier verschiedene Loktypen unterschieden werden: Dampf-, Diesel,- Elektrolokomotiven und Triebwagen. DELTA erlaubt auch den Einsatz einer fünften Lok. Hierfür ist allerdings ein zusätzlicher Handregler, der DELTA-Pilot (Nr. 6605) notwendig. Er wird an das DELTA-Control angeschlossen. An ihm nehmen wir Fahrtrichtungswechsel und Geschwindigkeitsregelung für die „Fünfte" vor.

Und gesetzt den Fall, es kommt Besuch und bringt eine Digital-Lok mit? Die darf auf unserer Anlage gleich ein Gastspiel geben – denn auch diese Loks „hören" auf DELTA-Control, wenn sie auf die Adresse „80" eingestellt werden.

Unsere alten, sprich herkömmlichen, Loks können im Prinzip auch auf das DELTA-Mehrzugsystem umgerüstet werden. Der dafür notwendige Elektronik-Baustein, das DELTA-Modul (Nr. 6603), verträgt sich mit Lokomotiven, die über einen MÄRKLIN-Scheiben- oder Trommelkollektor-Motor verfügen. Ist das Modul implantiert, kann mit DELTA-Control und MÄRKLIN-DIGITAL gefahren werden. Die jeweiligen Umrüstmöglichkeiten für MÄRKLIN-H0-Lokomotiven werden im Katalog ausführlich genannt.

DIGITAL – Das totale Fahrvergnügen

Der Spaß am Spiel hat dank DELTA-Mehrzugsteuerung zugenommen. Jedoch steigen die Ansprüche mit der Anlagen-

Die auf dieser Doppelseite abgebildeten Lokomotiven sind bereits werkseitig mit dem DELTA-Modul ausgerüstet. Tenderlokomotive der Baureihe 86 der Deutschen Bundesbahn (oben),

Dieselhydraulische Mehrzwecklokomotive der Baureihe 216 der Deutschen Bundesbahn (rechte Seite oben),

Elektrolokomotive der Baureihe 140 der Deutschen Bundesbahn (rechts)

und Akkumulatoren-Triebwagen der Baureihe 515 der Deutschen Bundesbahn (unten).

216 188-3

140 045-6

größe für gewöhnlich mit. Je mehr Platz, desto mehr Züge können zum Einsatz kommen. Mit MÄRKLIN-DIGITAL sind bis zu 80 Lokadressen anwählbar. Hinzu kommt, daß mit wenig Mehraufwand sogar die Weichen und Signale mit diesem Steuerungssystem geschaltet werden können. Es sind bis zu 256 Magnetartikel steuerbar.

Das Schöne an diesem System ist, daß wir alle vorhandenen MÄRKLIN-Teile wiederverwenden können. DELTA-Loks benötigen für die Steuerung mit DIGITAL keine Umrüstung. Ihre DELTA-Module sind auch mit DIGITAL erreichbar. Die herkömmlichen H0-Lokomotiven von MÄRKLIN können mit den Decodern nachgerüstet werden. Eine auf DELTA basierende Anlage kann verhältnismäßig leicht auf das DIGITAL-System erweitert werden. Neu hinzukommen muß hierbei das Control Unit (Nr. 6021), die Zentraleinheit für MÄRKLIN-H0-Anlagen mit eingebautem Fahrgerät. Außerdem wird ein leistungsfähiger Transformator (z.B. Nr. 6002) gebraucht. Zu Beginn dürfte aber auch ein herkömmlicher Fahrtransformator mit einer Ausgangsleistung von 30 VA ausreichen. Die Schaltung ist denkbar einfach. Die Control Unit wird zwischen dem konventionellen Fahrgerät und der Gleisanlage angeschlossen, ähnlich wie das DELTA-Control.

Und dann stelle man sich vor, wie ein winziger Chip, ein sogenannter Decoder, jeden unserer Befehle, die wir über die Zentrale aussenden, promt ausführt. Jetzt sind wir auf einmal Lokführer, Weichensteller und Schrankenwärter zugleich. Wieviel Spaß und nachgespielter Ernst erwarten uns nun auf unserer kleinen Bahn!

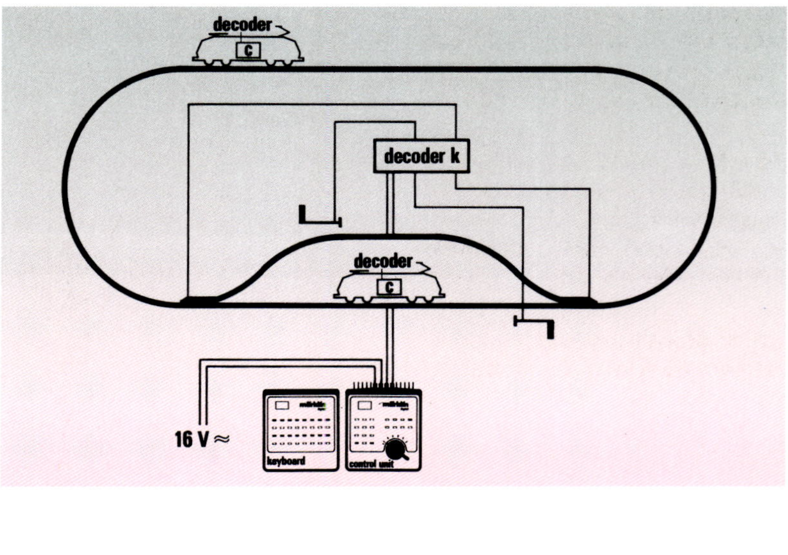

__Oben: Digital-Geräte für MÄRKLIN-H0-Anlagen (v.l.n.r.): Transformator, Keyboard, Central Unit und Control 80.__

__Rechts: Prinzipskizze für die Steuerung von zwei unabhängig verkehrenden MÄRKLIN-DIGITAL-Lokomotiven mit dem Control 80.__

__Links: Steuerung von Magnetartikeln über das Keyboard.__

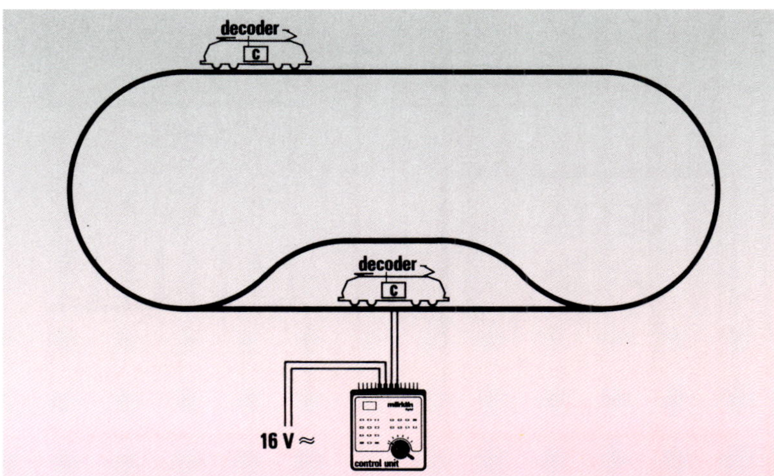

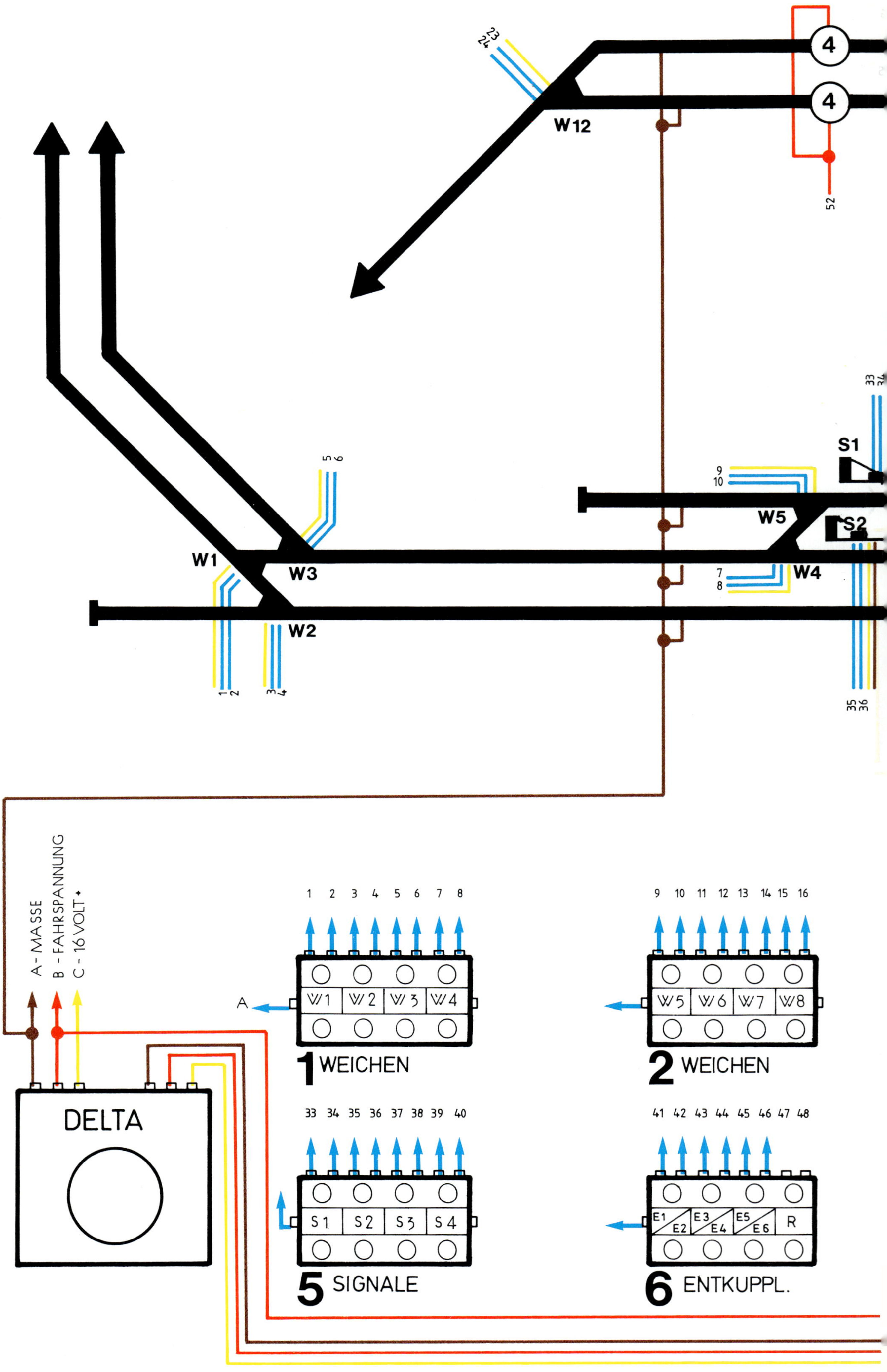

W12
W1
W2
W3
W4
W5
S1
S2
A - MASSE
B - FAHRSPANNUNG
C - 16 VOLT +
DELTA
W1 W2 W3 W4
1 WEICHEN
W5 W6 W7 W8
2 WEICHEN
S1 S2 S3 S4
5 SIGNALE
E1 E2 E3 E4 E5 E6 R
6 ENTKUPPL.

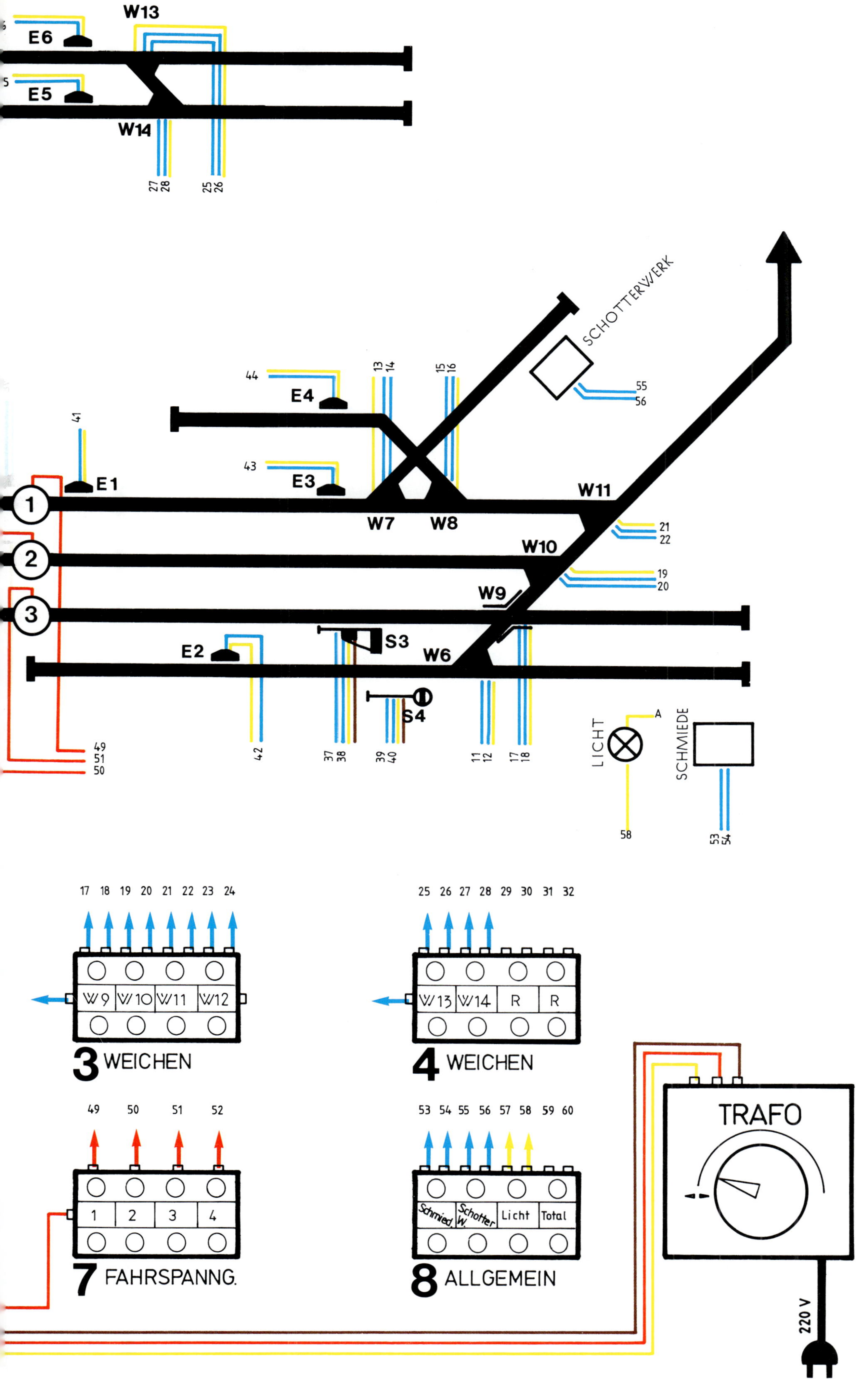

W13
E6
E5
W14
27 28
25 26
SCHOTTERWERK
44
E4
13 14
15 16
55
56
41
43
E1
E3
W11
1
2
3
W7
W8
21
22
W10
19
20
W9
S3
E2
W6
S4
49
51
50
42
37 38
39 40
11 12
17 18
LICHT
A
SCHMIEDE
58
53 54
17 18 19 20 21 22 23 24
W9 W10 W11 W12
3 WEICHEN
25 26 27 28 29 30 31 32
W13 W14 R R
4 WEICHEN
49 50 51 52
1 2 3 4
7 FAHRSPANNG.
53 54 55 56 57 58 59 60
Schmied. Schotter W. Licht Total
8 ALLGEMEIN
TRAFO
220 V

Stichwortverzeichnis